Für Sarah

Simone und Claudia Paganini

Von wegen Heilige Nacht!

Der große Faktencheck zur Weihnachtsgeschichte

Mit Illustrationen
von Esther Lanfermann

Inhalt

»In jenen Tagen erließ Kaiser Augustus einen Befehl ...«

Ein paar Fragen an die Weihnachtsgeschichte

Mit der Entwicklung der modernen Bibelexegese begann man, sich spätestens ab dem 18. Jahrhundert auch für den historischen Jesus zu interessieren und dafür, welche Eckdaten seines Lebens sich wissenschaftlich rekonstruieren lassen. Die Suche nach diesen realen geschichtlichen Ereignissen und wirklichen Fakten war aber von Anfang an nicht nur mühsam, sondern auch nur von geringem Erfolg gekrönt. Das gilt nicht bloß für die Zeit, in der Jesus als Wanderprediger in Galiläa tätig war, sondern auch – und vor allem – für zwei ganz wesentliche Ereignisse, die zu jeder Biographie gehören: Geburt und Tod.

Der Tod Jesu war freilich schon bei den frühen Christen im 1. Jahrhundert Gegenstand von Interesse, denn danach kam seine Auferstehung und damit ein wesentlicher Inhalt – man könnte auch sagen: das Highlight – der urchristlichen Verkündigung. In Bezug auf Jesu Geburt dagegen war die Situation komplizierter und das Interesse der ersten Christen nicht so deutlich ausgeprägt.

Alle frühchristlichen Quellen erzählen nämlich von einem letzten Abendmahl, einem vor dem römischen Statthalter Pilatus geführten Prozess, von Folter, Kreuzigung und Tod, von der Auferstehung und sogar dem Erscheinen des Auferstandenen. Manches, das hier berichtet wird, ist sogar in außerbiblischen Quellen belegt, bei Flavius Josephus, Tacitus, Plinius und Sueton, die alle von einer um einen gewissen Christus oder Chrestus zentrierten Bewegung berichten. Diese Quellen, so wie auch die Evangelien und die um 20 bis 30 Jahre früher entstandenen Briefe des Paulus, stimmen alle – trotz der Unterschiede im Detail – darin überein, dass Jesus Christus unter Pontius Pilatus getötet worden ist.

Über die Geburt Jesu dagegen berichten keine nicht-christlichen Quellen auch nur ein Wörtchen und auch die Auswertung der Erzählungen zur Herkunft des Erlösers, die in den Schriften des Neuen Testamentes zu finden sind, wirft mehr Fragen auf als sie Antworten gibt. Zwar liegen mit den Briefen des Paulus Texte vor, die zeitlich verhältnismäßig nah am Leben Jesu anzusiedeln sind, sie handeln aber – dummerweise – primär von dessen Kreuzestod. Der junge Jesus und damit auch seine Geburt spielen für Paulus so gut wie keine Rolle. Er weiß zwar, dass Jesus aus einer Frau geboren ist, den Namen seiner Mutter nennt er dennoch nicht.

Halb so schlimm, könnte man sagen, denn die christliche Tradition hat immerhin noch vier »Bücher« – Evangelien genannt –, die sich mit der Biographie Jesu beschäftigen. Natürlich wurden diese von gläubigen Christen verfasst und liefern daher eine theologische und nicht eine an der objektiven Nacherzählung der geschichtlichen Ereignisse interessierte Sicht der Dinge. Aber Quellen, die man auswerten bzw. interpretieren kann und muss, sind sie dennoch. Leider tun es aber zwei dieser Texte dem Paulus gleich und erwähnen die Ereignisse rund um die Geburt des Gottessohnes mit keinem Wort. Alle vier Evangelien stimmen darin überein, dass Jesus engen Kontakt mit Johannes dem Täufer hatte, und sie sind einer Meinung, wenn es darum geht, manche Gleichnisse oder Wundererzählungen wiederzugeben. Tod und Auferstehung sind selbstredend immer mit dabei. Von der Geburt des kleinen Jesus wird dagegen nur im Lukas- und im Matthäusevangelium berichtet. Das Markusevangelium und das Evangelium nach Johannes schweigen darüber.

Und damit fangen die Probleme erst an! Denn beim Lesen der beiden biblischen Geburtserzählungen stellt man schnell fest, dass es zwar um dasselbe Kind geht, das seine Mutter jungfräulich empfangen und dass die Geburt in Bethlehem stattgefunden hat. Sehr viel mehr Gemeinsamkeiten sind aber nicht auszumachen. Die beiden Evangelien präsentieren nämlich nicht nur eine unterschiedliche Abfolge der Ereignisse, sondern sie sind auch von sehr unterschiedlichen theologischen Absichten geprägt. So wird Jesus im Lukasevangelium von Beginn an als der erwartete Messias dargestellt. Im Matthäusevangelium hingegen ist er der Verfolgte, den sein Volk nicht erkennt.

Den Kern des Matthäustextes bilden ein Stammbaum und fünf relativ lose aneinandergereihte Episoden, die in ihrer Summe eine Art Lehrerzählung bilden. Es geht um die Herkunft Jesu aus dem Stamm David (also: rechtmäßiger Anspruch auf die Messias-Rolle), um seine wundersame Rettung von Herodes (also: Polemik gegen das jüdische Volk, das den Messias nicht erkannt hat) und um den Besuch der Weisen aus dem Osten (also: Verbreitung der Botschaft Jesu in die ganze Welt und Akzeptanz seiner Messias-Rolle bei den Heiden). Dieses Evangelium richtete sich vermutlich an gebildete Menschen mit einem jüdischen Hintergrund, die man für das Christentum gewinnen wollte, denn um die Vielzahl der Anspielungen zu verstehen, muss man die jüdische Bibel – christlich: das Alte Testament –

sehr gut kennen. Das Lukasevangelium dagegen baut seine Erzählung deutlich durchdachter auf: Die Schilderung der Geburt hat einen chronologischen Aufbau, der genau 70 Wochen, also 490 Tage, umfasst. Schon diese Zahl deutet darauf hin, dass wir es mit einer höchst symbolischen Darstellung zu tun haben. Und obwohl die Autor*innen – ja, die Evangelien sind höchstwahrscheinlich Gemeinschaftswerke der frühchristlichen Gemeinden – am Beginn der Geschichte betonen, dass der Bericht auf Quellen beruhe, leisten sie sich gerade bei der Geburtserzählung massive historische Fehler. Denn egal, wie man die Geschichte dreht und wendet: Zwischen dem Tod des Herodes und der Zeit, als Quirinius Statthalter in Syrien war, liegen z.B. mehr als 10 Jahre. Es ist daher schlichtweg unmöglich, dass die historischen Angaben über die Geburt Jesu stimmen können. Auch die berühmteste Volkszählung der Kulturgeschichte kann darum heute nicht mehr genau datiert werden.

Wer von den Erzählungen dann Details und blumige Ausschmückungen erwartet, wird enttäuscht. Die Schilderung von den Ereignissen in der Heiligen Nacht ist in beiden Evangelien recht karg. Das Matthäusevangelium überspringt die nächtlichen Ereignisse sogar ganz und widmet sich lieber dem bis zu zwei Jahre später stattfindenden Besuch der Magier. Das Lukasevangelium liefert zwar eine etwas ausführlichere Beschreibung, doch auch bei ihm ist die Zurückhaltung deutlich spürbar.

Von daher überrascht es auch nicht, dass in den folgenden Jahrhunderten zahlreiche Autor*innen Motive und Anspielungen, die im Matthäus- bzw. Lukasevangelium eine Rolle spielten, aufgenommen, überarbeitet, erweitert und ausgeschmückt haben. Auf diese Weise entstanden die sogenannten apokryphen Kindheitsevangelien. Wie viele solche Texte es in der Frühzeit des Christentums gab, lässt sich heute nicht mehr feststellen. Irgendwann nämlich hörte man auf, sie händisch von Pergamentblatt auf Pergamentblatt zu kopieren, und damit gingen die Texte nach und nach verloren. Erhalten geblieben sind nur das Protoevangelium des Jakobus, das Evangelium des Pseudo-Matthäus und zwei weitere Kindheitsevangelien, von denen eines auf Syrisch und eines auf Armenisch verfasst ist. Außerdem ist in diesem Kontext das Kindheitsevangelium nach Thomas zu nennen, das von Episoden aus der Kindheit Jesu berichtet, nicht aber von seiner Geburt. Die in den kanonischen Evangelien schon unscharfen historischen Verweise jedenfalls werden in diesen jüngeren Darstellungen noch undeutlicher. Streng genommen spielt in den Apokryphen das Bestreben, historische Tatsachen weiterzugeben, kaum mehr eine Rolle. Es geht vielmehr darum, Neugierde zu stillen und offene Fragen über Jesus, Maria und Josef zu beantworten. Das, was »wirklich« war, wird von dem, was hätte sein können oder sollen bzw. von dem, was man gerne gesehen hätte, völlig überwachsen. Die Autor*innen dieser späteren Schriften waren gläubige Menschen, die für andere gläubige Menschen Texte geschrieben haben. Ihr Ziel war dementsprechend nicht historische Genauigkeit, sondern eine Stärkung und Bestätigung im Glauben. Das ist vermutlich der Grund, warum sich die Neugierde der modernen Leser*innen mithilfe der mitunter etwas sonderbaren Vorstellungen der Apokryphen nur teilweise stillen lässt.

Aber Fragen rund um Geburt und Familie Jesu gibt es viele. Man könnte direkt ein Buch darüber schreiben – und genau: Dieses Buch halten Sie in den Händen. Natürlich wird es nicht alle Fragen und Probleme, die mit der Geburt Jesu zusammenhängen, klären. Was es aber leisten kann, ist, eine strukturierte Bestandsaufnahme all jener Vorstellungen zu liefern, die seit den frühen Tagen des Christentums über das In-die-Welt-Kommen Jesu kursieren, diese weiter zu diskutieren und auch ein wenig ihre Bedeutung für die Gegenwart zu befragen.

Kaum ein historisches Ereignis jedenfalls hat die Entwicklung Europas – und dann der Welt – in den vergangenen 2000 Jahren so stark beeinflusst wie die Geburt Jesu. Angesichts dessen sind die nach wie vor bestehenden Unsicherheiten bezüglich der Geschehnisse in der bzw. um die Heilige(n) Nacht zumindest erstaunlich. Aller kirchlichen Tradition und wissenschaftlichen Aufarbeitung zum Trotz weiß man bis heute nicht, wann genau Jesus geboren ist, und auch die Frage nach seinem Geburtsort wird heftig diskutiert. Ähnlich ambivalent werden in der Forschung die Herrscher der damaligen Zeit – die Römer – bewertet, ebenso der König, unter dem Jesus geboren wurde – Herodes. Das gesicherte Wissen ist dabei überschaubar. Wieso wurde Jesus als Messias wahrgenommen? Wer war seine Mutter? Wer war ihr Ehemann? Was war mit den Engeln, Hirten und den drei Königen? Woher kamen Ochs und Esel, und ist es in jener Nacht wirklich kalt gewesen?

Die Antworten auf diese und andere Fragen sind nicht einfach zu finden und selten sind sie eindeutig. Wohl aber haben Archäologie, historische Forschung und nicht zuletzt moderne Bibelwissenschaft, welche die biblischen Texte mit unterschiedlichen literarischen, historischen und sprachwissenschaftlichen Methoden untersuchen, in den letzten Jahrzehnten einiges geleistet. Manche Fragen kann man heute beantworten, an andere sich annähern, wieder andere sind nach wie vor offen. Sie werden sehen.

Eines sei aber hier schon vorweggenommen: Trotz aller Hintergrundinformationen und komplexen Überlegungen wird Weihnachten am Ende dieses Buches noch immer das sein, was es für die meisten Menschen immer schon – zumindest seitdem das Fest der Geburt Jesu gefeiert wird – gewesen ist: ein faszinierendes Geheimnis, das jedes Jahr Kinderaugen zum Glänzen bringt und in dessen Bann sich auch der erwachsene Mensch ganz gerne immer wieder aufs Neue begibt.

1.
Das Jahr 0

oder:
Die komplizierte Suche nach dem Wann der Geburt Jesu?

Ein unter Historiker*innen beliebter, aber weder ganz neuer noch besonders lustiger Witz handelt von einem Archäologen, der auf einer großen internationalen Tagung stolz einen kleinen runden Gegenstand aus Bernstein präsentiert und behauptet, die Münze stamme aus dem Juli des Jahres 857 v. Chr. und sei somit das älteste mit Sicherheit datierbare Geldstück der Menschheitsgeschichte. Während das Gros der anwesenden Kollegen begeistert klatscht und gratuliert, wagt eine Studentin aus der letzten Reihe die Frage aller Fragen zu stellen: »Woher wissen Sie, dass die Münze aus dem Jahre 857 v. Chr. stammt?« Der Archäologe mustert das Fräulein herablassend und antwortet gönnerhaft: »Na schauen Sie, das Datum ist doch eingraviert.«

Für Fachleute hat dieser Witz eine dreifache Pointe. Zunächst einmal kann eine Gravur »v. Chr.« selbstverständlich nur eine Fälschung sein, denn wer hätte schon im Vorhinein wissen können, dass ein gewisser Jesus von Nazareth einmal geboren werden und so wichtig werden sollte, dass man sogar die Zeitrechnung nach seinem Geburtsjahr ausrichten würde. Zu der Zeit, die wir heute als 9. Jahrhundert v. Chr. bezeichnen, war außerdem die Vorstellung, Zeit verlaufe linear, den Menschen außerdem noch ganz fremd. Man kannte nur den an der Natur orientierten zyklischen Zeitverlauf im Wechsel der Jahreszeiten oder Sternbilder. Und schließlich lässt auch die Erwähnung des »Juli« den Historiker schmunzeln. Julius Cäsar, dem zu Ehren ein Monat den Namen »Juli« bekam, lebte nämlich im 1. Jahrhundert vor Christi Geburt. Es ist daher gar nicht möglich, dass es bereits 857 v. Chr. einen Monat namens »Juli« gegeben haben könnte.

Doch was hat es mit der christlichen Jahreszählung eigentlich auf sich? Historisch belegt ist, dass es in den Mythen der antiken Welt viele verschiedene Vorstellungen darüber gab, wie und vor allem wann die Zeit entstanden sei. Die Bibel und ihre Schöpfungserzählungen nehmen da zunächst keinen Sonderstatus ein. Stellt man komplizierte Berechnungen an und kombiniert die Genealogien aus dem Buch Genesis mit den Zeitangaben anderer alttestamentlicher Texte, findet man heraus, dass Gott am 6. Oktober 3761 vor Christi Geburt und zwar, genau genommen, um 23 Uhr 11 das Licht erschaffen haben »muss«. Freilich setzt eine solche Berechnung ein sehr naives Verständnis der biblischen Texte voraus. Man muss sie als Tatsachenberichte begreifen, und auch der Umstand, dass die Sonne, die ja irgendwie als eine entscheidende Voraussetzung für das Vorhandensein von Licht gelten kann, erst am vierten Schöpfungstag vom Schöpfer ans Firmament gehängt wurde, darf einen nicht stören. Unabhängig vom »exakten« Jahr des göttlichen Schöpfungshandelns hat sich in der christlichen Tradition aber bereits im frühen Mittelalter die Vorstellung durchgesetzt, die Zeit sei mit der Erschaffung der Welt (mit)entstanden.

Ansonsten orientierte man sich bei der Bestimmung von Zeit(perioden) in den Kulturen der Antike meist an den wechselnden Machthabern. Immer, wenn ein neuer Herrscher übernahm, begann man wieder von vorn zu zählen. Anhand der Beobachtung von regelmäßigen Mondphasen und/oder des Laufs der Sonne bestimmte man zudem eine (unterschiedlich lange) Einheit, für die sich allmählich die Bezeichnung

»Jahr« etablierte. In Ägypten waren diese Herrscher die Pharaonen, bei den Assyrern und den Babyloniern waren es die jeweiligen Könige, die so die Zeit immer wieder neu beginnen ließen. Auf das letzte Jahr des Königs X folgte, meistens nach dessen mehr oder weniger natürlichem Tod, das erste Jahr des Königs Y. Die Römer hatten dagegen eine etwas andere Methode, zumindest theoretisch. Sie zählten die Zeit *ab urbe condita*, also von der legendären Gründung Roms durch Romulus und Remus an. Tatsächlich führten sie aber vor allem Listen von Konsuln, auf deren Basis sie ihre Zeitrechnung organisierten. Die Griechen schließlich berechneten die Zeit anhand der Anzahl der Perioden zwischen den Olympischen Spielen. In den außereuropäischen Kulturen ging es ähnlich zu: So verfügten die zahlreichen indischen Reiche über unterschiedliche Systeme der Zeitrechnung und gingen von jeweils unterschiedlichen Anfängen aus. Im Buddhismus zählt man die Zeit ab dem Tod Buddhas im 6. Jahrhundert v. Chr. und in islamischen Ländern beginnt die Zeit auch heute noch mit dem Jahr der Flucht Mohammeds von Mekka nach Medina. Das Jahr 622 der christlichen Zeitrechnung ist darum das Jahr 1 in der islamischen Welt.

Als der Mönch Dionysius Exiguus im 6. Jahrhundert n. Chr. mit komplizierten Berechnungen den Termin für das Osterfest ermitteln wollte, legte er das Jahr 754 nach der Gründung Roms als Geburtstermin Jesu fest. Dieses Jahr entspricht »unserem« Jahr 1 nach Christus, das Jahr 0 dagegen wurde als solches, aufgrund mathematischer Berechnungen, erst 1202 eingeführt. In der westlichen Welt hat sich jedenfalls die christliche Zeitrechnung durchgesetzt, allerdings erst relativ spät: ab dem 8. Jahrhundert nämlich. Beda Venerabilis (672-735) war der erste Historiker, der in seinen Werken konsequent zwischen »vor Christi Geburt« und »nach Christi Geburt« unterschied. Unter Karl dem Großen (747-814) verbreitete sich diese Praxis dann, interessanter Weise entschied sich die katholische Kirche aber erst um das Jahr 965, diese neue Zeitrechnung anzunehmen; in Spanien wurde sie gar erst im 14. Jahrhundert durchgesetzt. Aus praktischen Gründen wird sie heute auch in Ländern gebraucht, die keine christliche Tradition haben, meist parallel zu anderen Systemen. Mittlerweile unüblich ist es allerdings, den ursprünglichen Wortlaut zu gebrauchen, der nämlich lautete: »vor oder nach der Fleischwerdung Christi«. Aber gleichgültig ob mit oder ohne Fleischwerdung setzt eine solche Zeiteinteilung natürlich voraus, dass man weiß, wann Jesus geboren ist. Aber zu bestimmen, wann genau das Jesuskind bei Ochs und Esel in die Krippe gelegt wurde, ist bei näherem Hinsehen gar nicht so einfach.

Wann also war das? Die meisten Menschen werden auf diese Frage vielleicht ziemlich freimütig antworten: »Im Jahr 0«. Aber dieses Datum ist weder historisch, noch sonst wie belegt.

Die Suche nach dem »Wann« der Geburt Jesu ist nämlich kompliziert, ja geradezu abenteuerlich. Die einzigen Hinweise in nicht-christlichen Schriften, die wir auf den sogenannten historischen Jesus, d.h. den konkreten Menschen, besitzen, stehen bei den römischen Autoren Tacitus, Sueton sowie Plinius dem Jüngeren. Außerdem erwähnt der römisch-jüdische Historiker Josephus Flavius einen Jeshua, wobei aber eine spätere christliche Überarbeitung dieser Quelle nicht ganz ausgeschlossen ist. Wie auch immer: Diese Textzeugen belegen klar, dass Jesus gestorben ist. Wenn er aber gestorben ist, dann – so die erste, zugegebenermaßen recht banale, allerdings nicht unwesentliche Schlussfolgerung für die Frage nach der Geburt – muss er irgendwann auch geboren sein.

Die einzigen Angaben zu dieser Geburt stammen nun aus den »kanonischen«, also offiziell von der Kirche anerkannten, Evangelien am Beginn des Neuen Testamentes, zu denen noch eine ganze Reihe von jüngeren, nicht in den biblischen Kanon aufgenommenen »apokryphen« Evangelien hinzukommen. Historisch brauchbare Informationen zum Zeitpunkt der Geburt findet man nur in den Evangelien nach Matthäus und nach Lukas: Jesus wurde demnach geboren, als Kaiser Augustus regierte [→ Die Römer, s. S. 49-52]. Zu diesem Augustus nun gibt es glücklicherweise eine Fülle von römischen Quellen. Es handelt sich bei ihm um Gaius Octavius, später (zumindest laut Cicero) Octavianus, den ersten Kaiser des Römischen Reiches, der unter dem Ehrentitel »Augustus« (auf Latein »der Erhabene«) vom Jahr 37 v. Chr. bis zum Jahr 14 n. Chr. regierte. Neben der Nennung des Augustus stimmen die Geburtserzählungen der Evangelien noch darin überein, dass Jesus zu Lebzeiten von König Herodes dem Großen [→ König Herodes der Große, s. S. 112-119], als Quirinius Gouverneur der Provinz Syrien war [→ Die Römer, s. S. 52-53], zur Welt kam. Tatsächlich lebten die beiden, als Augustus Kaiser war. Dummerweise aber dürfte Herodes anderen antiken Quellen zufolge bereits im Jahr 4 v. Chr. verstorben sein, während Publius Sulpicius Quirinius erst nach 6 n. Chr. als Provinzverwalter eingesetzt wurde. Wir haben es also mit zwei widersprüchlichen Zeitangaben zu tun, denn zum Zeitpunkt der Amtszeit des Quirinius war Herodes bereits seit mindestens zehn Jahren tot. Auch wenn das Lukasevangelium ansonsten sehr um historische Genauigkeit bemüht ist, gehen in diesem Fall die Ereignisse durcheinander. Das ist verheerend, denn immerhin geht es um nichts Unbedeutenderes als um das Geburtsjahr Jesu, an dem sich die künftige Zeitrechnung orientieren sollte.

Doch es nützt alles nichts. Der exakte Zeitpunkt der Geburt ist nach dem jetzigen Wissensstand nicht mehr zu ermitteln. Sehr wahrscheinlich fand die Geburt Jesu in den letzten Regierungsjahren des Herodes statt, also in den Jahren 8 bis 6 v. Chr. [→ die Heiligen drei Könige, s. S. 129]. Man darf nämlich davon ausgehen, dass die Erinnerung an Herodes, einen für das Judentum sehr bedeutsamen König, zuverlässiger ist als die Erinnerung an Quirinius, einen einfachen römischen Statthalter in einer Provinz an der Grenze des Imperiums. Außerdem wird Quirinius nur im Lukasevangelium erwähnt, während Herodes sowohl im Matthäus-, als auch im Lukasevangelium belegt ist. Auch wenn also gut zwei Jahrtausende später keine Klarheit mehr zum Geburtsjahr zu gewinnen ist, geht die Forschungsgemeinschaft heute davon aus, dass Jesus einige Jahre »vor Christus« geboren worden sein dürfte, d.h. dass das kleine Jesuskind an seinem im Nachhinein festgelegten Geburtstag schon ein paar Jahre alt war.

2.

Die Nacht des 24. Dezember

oder:
Warum die Hirten am Feld nicht gefroren haben

»Tu scendi dalle stelle« – du kommst von den Sternen herab – so lautet der erste Satz des vielleicht bekanntesten italienischen Weihnachtsliedes. In der ersten von ursprünglich sieben Strophen geht es darum, dass Jesus, der König des Himmels, von den Sternen herabgestiegen ist und bei Kälte und Eis in einer Höhle [→ Die Futterkrippe in der Höhle, s. S. 82-85] geboren wurde. Im Deutschen ist zwar kein Lied mit ähnlichem Inhalt überliefert, doch sind die Bilder, die in Liedklassikern von »Stille Nacht« bis zu »Es wird scho glei dumpa« vermittelt werden, alle sehr ähnlich: Der kleine Jesus wird im Winter geboren, noch dazu in der tiefsten Nacht, es muss also frostig, vielleicht sogar extrem kalt gewesen sein. Und dass ihm als Babybettchen nur eine Futterkrippe zur Verfügung steht, macht die Lage nicht gerade erbaulicher.

Tatsächlich ist uns aber aus den Evangelien weder der Tag und noch weniger die Uhrzeit von Jesu Geburt bekannt. Wie wir bereits gesehen haben, interessieren sich weder das Markus- noch das Johannesevangelium für die Ereignisse rund um die Geburt. Einige Details liefern das Lukas- und das Matthäusevangelium. Über die Zeitspanne vom Einsetzen der Wehen bis zu dem Moment, wo das Jesusbaby seinen ersten eigenen Atemzug tut, wird nichts berichtet. Sehr wohl beschäftigen sich aber zwei apokryphe Evangelien mit der Geburt selbst: das Protoevangelium des Jakobus aus dem 3. Jahrhundert und das Evangelium des Pseudo-Matthäus, das erst im frühen Mittelalter entstanden sein dürfte. Dort ist die Rede von der kalten Nacht, von der Höhle und dem Stall, von Ochs und Esel, von den armseligen Umständen der Heiligen Familie, aber auch von einem übernatürlichen Licht, das die Höhle erstrahlen ließ, von einer Art Beamer oder von einem Laserstrahl, in dem der neugeborene Jesus erscheint, von der Hebamme Salome, die Mariens Jungfräulichkeit überprüfen will und dafür mit einer verdorrten Hand bestraft wird [→ Maria, s. S. 67]. Auch für Nicht-Fachleute ist bereits auf den ersten Blick auffällig, dass es sich bei diesen Geschichten offenbar nicht um historische Berichte handelt, sondern um fromme Erzählungen, die erbaulich sein wollen und Glaubensüberzeugungen weitergeben und erzählerisch ausmalen.

Aber auch die Informationen, die man aus dem Lukasevangelium, das gegen Ende des 1. Jahrhunderts entstanden ist und bei dem es sich somit um unsere älteste Quelle handelt, gewinnen kann, sind nicht sehr ergiebig. Wie lange dauerte die Geburt? Wo fand sie statt? Wer war dabei? Wie ging es Maria danach? Dies sind wichtige Fragen, denn die Zahl der Kinder – und Mütter –, die bei der Entbindung starben, war damals im ländlichen Milieu sehr hoch. Trotzdem wissen wir nichts darüber. Dem Lukasevangelium zufolge wird das Kind nach der Geburt in eine Krippe gelegt, und später in der Nacht werden die Hirten von den Engeln benachrichtigt. Die Nachricht an die Hirten, die im Freien übernachtet haben, ist damit das einzige Indiz für die Uhrzeit, zu der Jesus zur Welt kam, und auch der einzige Hinweis auf das Wetter, das damals geherrscht haben könnte [→ Hirten und Engel, s. S. 107-109]. Der Ort des Geschehens dürfte, folgt man dem Lukasevangelium, Bethlehem gewesen sein. Doch auch wenn diese Angabe zunächst eindeutig erscheint, gilt der historische Ort der Geburt in der modernen Bibelauslegung als nicht mit Sicherheit bestimmbar. Allerdings gibt es starke Indizien dafür, dass Jesus nicht in Bethlehem, sondern in Nazareth geboren wurde [→ Bethlehem, s. S. 57-61].

Wie auch immer: Das Geschehen dürfte sich am späten Abend oder in der Nacht abgespielt haben, die Geburt verlief – so darf man zumindest vermuten – reibungslos und zügig. Das Lukasevangelium, das traditionell dem Arzt Lukas zugeschrieben wird, bemüht sich nämlich nicht, von medizinischen Details oder Komplikationen zu berichten. Also kann man davon ausgehen, dass es aus medizinischer Sicht auch nichts Besonderes zu berichten gab.

Was wissen wir aber über die Winternächte in dieser Region? Trotz der klimatisch günstigen Lage Bethlehems konnten Winternächte in der hügeligen Landschaft rund um den traditionell als Geburtsort Jesu angesehenen Weiler in der Tat sehr kalt sein. Schafe und Ziegen wurden daher in den Wintermonaten in Höhlen, bedeckten Koppeln oder gar in den Häusern, wo sie auch die Menschen wärmten, gehalten. Für sich selbst bauten die Hirten, wenn sie abends nicht nach Hause zurückkonnten, kleine Hütten oder sie hatten zumindest grobe Stoffbahnen dabei, mit denen man ein Zelt bauen konnte. Die Tatsache, dass das Lukasevangelium vom Übernachten der Hirten im Freien spricht, scheint daher eher auf frühlingshafte klimatische Bedingungen hinzudeuten [→ Hirten und Engel, s. S. 107-109]. Im Frühjahr und Sommer nämlich sind die Nächte in Judäa warm, im Kontrast zur Hitze des Tages werden die Temperaturen als angenehm empfunden. Draußen zu schlafen war dann sogar schöner, als die Nacht in einem Zelt zu verbringen, wo die

Luft schnell stickig wurde. In den Evangelien ist also keine Rede von Winter, Schnee, Kälte oder gar Frost. Im Gegenteil: Aus den wenigen Indizien, die wir haben, kann man schließen, dass in der Nacht, als Jesus geboren wurde – zumindest nach der Darstellung des Lukasevangeliums –, sogar eine angenehme Temperatur geherrscht haben muss. Jesus dürfte also nicht im Winter, sondern im Frühling, wenn nicht sogar im Sommer geboren sein.

Die Vorstellung von einer klirrenden Winternacht lässt sich also relativ leicht als spätere Ausschmückung entlarven, die von dem Umstand geprägt wurde, dass im christlichen Europa zum Fest der Geburt Jesu Winter herrscht.

Schwieriger stellt sich die Suche nach dem Tag der Geburt Jesu dar. Dabei muss man sich bewusstmachen, dass die alte Kirche erst relativ spät begann, die Geburt Jesu zu feiern. In den ersten 300 Jahren des Christentums schien dieses Ereignis niemanden besonders zu interessieren [→ Die Geschichte hinter der Geschichte, s. S. 147]. Geburtstage zu feiern war damals absolut unüblich. Im Gegenteil, derartige Feiern galten als heidnisch und waren daher verpönt. Was gefeiert wurde, war der Tag der Taufe, also der Tag der geistigen Geburt als Christ*in.

Ab dem Moment aber, als man entschied, den Geburtstag Jesu in aller Würde zu zelebrieren, begann auch die Suche nach dem konkreten Tag. Dieser wurde erstaunlich schnell identifiziert – zumindest vorläufig: Der Erlöser sei am 28. März geboren worden. Nach einer alten jüdischen Tradition handelt es sich bei diesem Tag auch um den vierten Tag der Schöpfung, den Tag also, an dem Gott die Sonne erschuf. Damit wäre Jesus symbolisch gesehen – und symbolische Betrachtungen waren im 4. Jahrhundert sehr beliebt – als neue Sonne der Welt geboren worden [→ Das Licht der »neuen« Sonne, s. S. 32-35]. Dabei blieb es jedoch nicht. Einige Jahrhunderte später entschied man neu: Der 24. Dezember sei es gewesen. An diesem Tag sei Maria mit dem Jesuskind niedergekommen. Warum man sich entschied, Jesu Geburt vom Frühjahr in den Winter zu verlegen, wissen wir nicht genau. Es gibt dazu keine Überlieferung.

Eine mögliche Erklärung meint, dass in der antiken Welt die Annahme verbreitet gewesen sei, wichtige Menschen würden an dem Tag sterben, an dem sie geboren wurden. Den Todestag Jesu aber hatte man vier Tage nach dem ersten Frühlingsneumond, der unabhängig vom astronomischen Frühlingsbeginn von der frühen Kirche traditionell auf dem 21. März festgelegt wurde, angesetzt. Demnach starb Jesus also am 25. März. Damals hielt man aber das Datum der Empfängnis eines Kindes für besonders wichtig und so legte man statt der Geburt das Datum der Empfängnis auf den 25. März fest. Damit kam man, wenn man neun Monate dazurechnet, auf den 24. bzw. 25. Dezember als den Tag, an dem Jesus geboren sein musste. Diese Erklärung ist zwar einigermaßen kompliziert, hat aber durchaus eine gewisse Plausibilität, vor allem wenn man bedenkt, dass es im frühen Christentum schon länger eine Tradition gab, die in diese Richtung wies.

Sextus Julius Africanus nämlich, ein Christ aus Rom, der im 3. Jahrhundert n. Chr. lebte, hatte anhand von komplexen Berechnungen den 25. März als den ersten Tag der Schöpfung bestimmt. Weil Jesus als Symbol für die neue Schöpfung galt, lag natürlich nichts näher, als den 25. März auch als Tag der Empfängnis Jesu festzulegen. Gott hatte am 25. März die Welt erschaffen und er erschuf sie sozusagen später an eben diesem Datum neu, indem sein Geist über die Jungfrau Maria kam und diese mit dem Erlöser der Welt schwanger wurde. Neun Monate später musste dieses Kind dann geboren sein, und damit war das Weihnachtsdatum gefunden.

Es gibt aber auch eine andere Tradition. Dieser zufolge wurde Jesu Geburt auf den Dezembertermin festgelegt, weil an diesem Tag das traditionelle Sonnenwendfest stattfand. Die Römer feierten damals das Fest der »unbesiegten Sonne«, und als das Christentum Staatsreligion wurde – so die Erklärung – ersetzte man die Sonne einfach durch Jesus. Diese Deutung hängt mit einer Notiz zusammen, der zufolge Kaiser Aurelian im Jahr 274 nach seinen Eroberungen im Orient dem Sonnengott einen Tempel geweiht und den 25. Dezember als Festtag festgelegt haben sollte. [→ Das Licht der »neuen Sonne«, s. S. 32-37]. Allerdings gibt es nur wenige literarische Quellen, die sich auf diese Notiz beziehen, und keiner der christlichen Autoren erwähnt Aurelian, wenn sie von Jesus als der »neuen Sonne« sprechen. Auch der Versuch, den 24. Dezember mit irgendwelchen heidnischen Praktiken – vor allem mit dem aus dem Orient stammenden und im Römischen Reich verbreiteten Mithras-Kult in Verbindung zu bringen, sind nicht wirklich überzeugend [→ Das Licht der »neuen« Sonne, s. S. 34-37].

Vielleicht war aber alles auch ganz anders, und der Festlegung des Geburtstages Jesu lagen keine tiefgründigen Deutungsversuche, sondern – das kommt uns irgendwie bekannt vor – banale wirtschaftliche Überlegungen zugrunde. Denn nachdem das Christentum Staatsreligion wurde, begannen Massen von gläubigen Pilger*innen, ins Heilige Land zu reisen. Natürlich wollten sie die Orte besichtigen, an denen Jesus gelebt hatte. Und am allerliebsten besuchten sie diese besonderen Plätze genau zu der Zeit, zu der wichtige Feste gefeiert wurden. Also Jerusalem zu Ostern, zur Feier des Gedenkens an Tod und Auferstehung des Heilands, und Bethlehem zu Weihnachten, wenn man die Erinnerung an seine Geburt festlich begehen wollte. Da Ostern aber bereits im Frühjahr angesetzt war, erschien es sinnvoll, die Feier der Geburt auf eine andere Jahreszeit zu verschieben, denn damals wie heute mussten bzw. müssen Touristenströme gelenkt werden. Die Nacht auf den 25. Dezember schien daher prädestiniert. Um den 25. Dezember herum beginnen nämlich die Tage länger zu werden. Zwar ist noch Winter, aber die Sonne gewinnt wieder an Kraft. Damit hatten die Pilger einen würdigen zweiten Termin für ihre Reise ins gelobte Land und auch die Symbolik schien passend: Das neugeborene Kind kommt in Dunkelheit und Kälte auf die Erde, bringt ihr aber Licht und Wärme. Alles passte also zusammen. Dass die Symbolik von Dunkelheit, Kälte und Frost in der Bibel selbst keine Rolle spielt, scheint niemanden gestört zu haben und braucht uns auch heute nicht zu stören. Denn das, worum es eigentlich geht, ist ja nicht der historisch richtige Termin – denn das ist der 24. Dezember mit Sicherheit nicht. Vielmehr geht es bei Weihnachten darum, sich einmal im Jahr an die Kernbotschaft des Christentums zu erinnern: Jesus Christus ist Mensch geworden, um den Menschen die göttliche Liebe und damit Versöhnung und Frieden zu bringen.

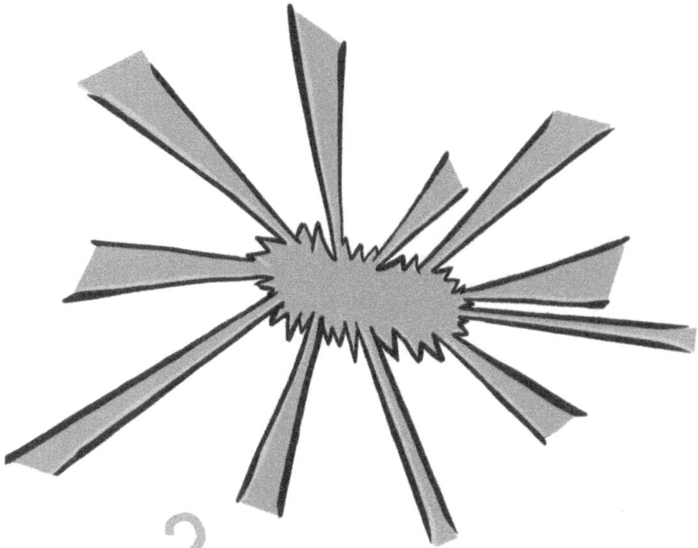

3. Das Licht der »neuen Sonne«

oder:
Was den Heiden recht, ist
den Christen billig

Der Vatikan ist heute nicht nur als der kleinste Staat der Welt bekannt. Hier wohnt der Papst und hier steht der Petersdom, die größte Kirche der Christenheit. Ursprünglich war das Wort »Vatikan« der Name für einen kleinen, nur etwa 80 Meter hohen Hügel an den Grenzen des Stadtgebietes von Rom. Weil er sich auf der westlichen Seite des Flusses Tiber befand und nur schwer zu verteidigen war, zählte er nicht zu jenen sieben Hügeln, auf denen Rom ursprünglich erbaut worden war. Erst im 4. Jahrhundert n. Chr. als das Christentum immer wichtiger wurde, begann man, ihn zu den Ur-Hügeln Roms dazuzuzählen. Rund 300 Jahre zuvor, als es noch nicht sehr viele Christen in Rom gab und die Gemeinde klein war, stand auf dem Gipfel des Vatikan ein Tempel für die göttliche Mutter Kybele. Im am Fuße des Hügels gelegenen Tal ließ Kaiser Caligula eine langgestreckte Arena bauen, einen sogenannten Circus, in dem man in erster Linie Pferderennen veranstaltete, gelegentlich aber auch Gladiatoren gegeneinander antreten ließ, Tiere aufeinander oder auf verurteilte Straftäter hetzte oder auch mal zur Belustigung des Publikums Kriegsgefangene in Massen hinrichtete. In diesem Circus soll irgendwann am Beginn der sechziger Jahre des 1. Jahrhunderts auch der Apostel Petrus ermordet worden sein, indem man ihn mit dem Kopf nach unten kreuzigte. Zusammen mit vielen anderen Märtyrern wurde er auf einem nahegelegenen Friedhof begraben, der sich heute unmittelbar unterhalb des Petersdoms befindet.

Als das Christentum zur Staatsreligion geworden war und das Meucheln in der Arena ein Ende fand, entwickelte der Friedhof neben der Arena, von Fachleuten auch Nekropole genannt, eine große Anziehungskraft. Viele waren scharf darauf, in der Nähe des Grabes vom Heiligen Petrus unter die Erde zu kommen. Schließlich würde irgendwann der Jüngste Tag und damit die Auferstehung der Toten kommen. Ganz sicher würde sich Petrus an diesem Tag als einer der Ersten aus dem Grab erheben, und da könnte es doch nicht schaden, schon mal in der Nähe zu sein. Ruckzuck mit Petrus ins Paradies statt ewig anstehen. Außerdem: Wer sich seiner Paradiestauglichkeit nicht so ganz sicher war, hoffte vielleicht auch ein bisschen, dass die Strahlkraft der Heiligkeit von Petrus die Flecken auf der eigenen Seelenweste überstrahlen würde. Reiche Familien ließen sich auf dem beliebten Gottesacker sogar riesige, mit Fresken, Statuen und Mosaiken ausgeschmückte Grabanlagen bauen. Im Innenraum eines solchen Grabes kann man heute noch das recht gut erhaltene Fragment eines Mosaiks aus dem 4. oder 5. Jahrhundert betrachten: Jesus wird als Lenker eines Wagens dargestellt, der von zwei weißen Pferden in den Himmel hinaufgezogen wird. Der goldene Hintergrund des Mosaiks und der riesige Heiligenschein, der das Haupt des Erlösers umstrahlt, lassen keinen Zweifel: Jesus wird hier als Sonnengott dargestellt, der wie der griechische Gott Apollon sein Gefährt mit der aufgehenden Sonne in Richtung Himmel lenkt. Das Mosaik ist eine der ältesten Darstellungen, in der die Gestalt Jesu mit der Sonne in einen Zusammenhang gebracht wird. Wie kam es dazu?

Im 4. Jahrhundert, als das Christentum noch eine Religion unter vielen war, war die Sonne innerhalb der römischen und der orientalischen Religionen geradezu zu einem Shootingstar in der Götterwelt geworden [→ Die Geschichte hinter der Geschichte, s. S. 142-145]. Es gab den griechisch-römischen Apollon, der mit der Sonne in Verbindung gebracht wurde, den ägyptischen Sarapis oder Amun und im Orient wurde die Sonne im Rahmen des Kultes um den Gott Mithras angebetet, der eine Sonnenkrone – den Vorläufer des christlichen Heiligenscheins – trug. Und auch in Rom stand die unbesiegbare Sonne, der *sol invictus*, hoch im Kurs: Die Sonne war einfach nicht unterzukriegen, sie ging unter, tauchte aber immer wieder auf, sie war also stets siegreich und garantierte Leben. Was für die Sonne galt, wollten die Kaiser auch gerne für sich in Anspruch nehmen. Sie ließen Münzen prägen, auf denen sie sich mit einem sonnengekrönten Haupt präsentierten. Auch Kaiser Konstantin – ungeachtet seiner Sympathie für die christliche Religion – sorgte mit herrschaftlichem Nachdruck für die Etablierung eines Kultes, im Rahmen dessen er als Sonnengott verehrt wurde, als er die nach ihm benannte Stadt Konstantinopel renovieren und umgestalten ließ. Es wundert daher nicht, dass angesichts dieses Umfeldes auch die Christen irgendwann auf die Idee kamen, ihren Gott und die Sonne in einen Zusammenhang zu bringen. Jesus Christus, das war die neue Sonne: der Untergegangene, der wiedererstanden war.

Der Religionspolitik des Kaisers Konstantin kam diese Entwicklung gerade recht, nachdem er sich dem Christentum zugewandt hatte. Angesichts der vielen religiösen Kräfte, die im Reich wirkten und die Einheit des Ganzen gefährdeten, sah er im Sonnenkult eine geradezu ideale Möglichkeit, die verschiedenen religiösen Bestrebungen unter einem Leitmotiv zusammenzuführen. Gemeinsam mit seinen Hoftheologen erfand er so Christus als »Sonne der Gerechtigkeit«. Dass im Neuen Testament diese Bezeichnung nicht zu finden ist und dass auch in der Geburtserzählung kein Vergleich mit der Sonne vorkommt, kümmerte ihn nicht. Noch weniger, dass die einzige Stelle, wo im Alten Testament von einer »Sonne der Gerechtigkeit« die Rede ist, nämlich beim Propheten Maleachi (3,20), keinen Messias meint. Und um der Sache richtig Nachdruck zu verleihen, bestimmte Konstantin per kaiserlichem Dekret den Tag der Sonne als wöchentlichen Feiertag.

Wenn man all dies weiß, wird auch verständlich, warum das Weihnachtsfest in Rom ausgerechnet unter Kaiser Konstantin zum ersten Mal gefeiert wurde: Ein möglichst viele Gläubige im Westen wie im Osten ansprechendes Jesus-Sonnenfest war in den Augen des Kaisers das optimale Instrument, mit dem sich in der religiösen Vielfalt eine Art religiöse Einheitsfeier schaffen ließ.

Allerdings gefiel der Versuch, die Geburt Jesu mit der Geburt eines neuen »Sonnengottes« gleichzusetzen, nicht jedem. Zahlreiche christliche Theologen wehrten sich sogar explizit dagegen. Die Sonne habe nichts Göttliches – warfen sie ein –, sie sei erst am vierten Tag der Schöpfung geschaffen worden, und die Symbolik des christlichen Messias habe nichts mit der Symbolik der heidnischen Sonnengötter gemeinsam. Aber der Kaiser ließ nicht mit sich reden und so machten die Theologen aus der Not eine Tugend: Kurzerhand beanspruchten sie die zunächst abgelehnte Sonnensymbolik exklusiv für das Christentum. Sie war in Jesus sozusagen erst in ihrer ganzen Tragweite sichtbar geworden und so hatte der Sonnen-Hype des 3. und 4. Jahrhunderts schließlich auch die christliche Theologie erfasst.

Das führte dann wohl auch dazu, dass die Tage um die Wintersonnenwende zu den Festtagen wurden, an dem man der Geburt Jesu, des neuen Königs, gedachte [→ Die Nacht des 24. Dezembers, s. S. 30]. Dass dabei nicht genau der Tag der Wintersonnenwende zum Weihnachtstag wurde, sondern der 25. Dezember, hat mit einem ungenauen Kalender zu tun. Julius Cäsar hatte im 1. Jahrhundert v. Chr. eine neue Zählung der Zeit eingeführt und den Tag der Wintersonnenwende am 21. Dezember angesetzt. Das war im Prinzip auch richtig, aber auf Dauer zu ungenau, weil das Sonnenjahr etwas länger ist als 365 Tage. Jedes Jahr ging in der Folgezeit darum etwas »Zeit« verloren, so dass am Ende eines Jahrhunderts ein ganzer Tag fehlte. So fiel im 4. Jahrhundert die Wintersonnenwende auf den 25. Dezember. Papst Gregor XIII. behob das Problem am Ende des 16. Jahrhunderts mit seiner Kalenderreform und der Einführung des »Schaltjahres«, die Wintersonnenwende wurde wieder auf den 21. Dezember zurückverlegt. Das Fest von der Geburt der »neuen« Sonne hatte sich aber zu diesem Zeitpunkt schon so gut etabliert, dass man Weihnachten weiter am 25. Dezember feierte. Vielleicht war es damals schon so, wie es heute sicher ist: Man wusste schon gar nicht mehr, dass im Hintergrund des Weihnachtsfestes gestanden hatte, die Sonnenkulte und das Christentum zu verbinden. Die Sonne war in den Hintergrund getreten. Licht, Wärme, lebensspendende göttliche Energie – all das kam nun in die Welt mit der Geburt des göttlichen Erlösers im Stall von Bethlehem [→ Die Futterkrippe in der Höhle, s. S. 80-88].

Dass die Tage wieder länger wurden, war da nur mehr eine nette Zugabe. Die Ursprünge der Verbindung zwischen der Sonne und dem Gottessohn hatte man unterdessen vergessen, und außerdem hatte sich das Weihnachts-Sonnenfest längst zu einem solchen Hit entwickelt, dass keiner mehr auf die Idee gekommen wäre, Zweifel an seiner Berechtigung anzumelden.

4. Steuern und eine Reise von Nazareth nach Bethlehem

oder:

War die Familie Jesu arm?

»Herr, bewahre dieses Haus vor Stürmen, Flut und Feuer, vor Stadterneuerung und der Steuer« – so kann man am Giebel eines Hauses in Wyk auf der Insel Föhr lesen. Der Eigentümer ist Teil einer Gemeinschaft, die so alt und so groß wie die Menschheit ist, nämlich die Gemeinschaft derer, die nicht gerne Steuern zahlen.

Es hat lange gedauert, bis Nationalstaaten ein einheitliches und einigermaßen gerechtes Steuersystem etablieren konnten. Der Begründer der Theorie der Nationalökonomie, Adam Smith, formulierte 1776 als Erster die Grundsätze, nach denen sich bis heute die Steuererhebung in demokratischen Staaten richtet: Gleichmäßigkeit der Besteuerung, Bestimmtheit der Steuergesetze, Bequemlichkeit für die Bürger*innen, Geringfügigkeit der Kosten für die Steuererhebung.

Solche Prinzipien waren der antiken Welt vollständig fremd. Die antiken Imperien hatten nie ein einheitliches Steuersystem und soziale Gerechtigkeit war kein Ziel. Es ging vielmehr darum, dass die Herrschenden von den Beherrschten möglichst viel bekamen. Imperien finanzierten ihren Reichtum durch Eroberungen, dadurch, dass sie die Besiegten zu Tributzahlungen, zur Zahlung von Steuern, Zöllen, Pachten, Wege- oder Nutzungsgeldern verpflichteten. Kurz: Steuern dienten der dauerhaften Ausplünderung der besiegten Regionen.

Im Römischen Reich wurden vor allem die Provinzen für die Deckung des staatlichen Finanzbedarfs herangezogen. Römische Bürger waren nämlich von direkten Steuern grundsätzlich befreit. Wie muss man sich nun die Steuererhebungen vorstellen?

Meist orientierte sich die römische Verwaltung an den örtlichen Gepflogenheiten. Die (indirekten) Steuern für das tägliche Leben wurden, um die Prozesse der Erhebung zu vereinfachen, an Einheimische verpachtet: Die »Zöllner« erhoben die an Provinz- wie an Zollbezirksgrenzen fällig werdenden Abgaben, die Ertragssteuern, Wegesteuern, Torsteuern, Militärabgaben, verschiedene Aufwandssteuern wie Gerichtsgebühren oder Gewerbesteuern für kleine Betriebe – wie zum Beispiel die Fischereigenossenschaften am See Genezareth, wo Jesus die große Mehrheit seiner Jünger rekrutierte – oder gar Verbrauchssteuern für bestimmte Güter wie Öl, Seife, Balsam usw. Die sogenannten *publicani* (Steuerpächter) mussten an die Obrigkeit – in Judäa war dies das Synedrion, eine Art Tempelrat, der dann mit der römischen Verwaltung abrechnete – einen je nach gepachteter Steuer fixen Betrag zahlen und zwar unabhängig davon, wie viel Geld sie tatsächlich einnahmen. Klar, dass das zu Misswirtschaft und Ungerechtigkeit führte, die nicht selten Revolten der Provinzbevölkerung nach sich zogen. Der Zollpächter versuchte natürlich, seinen Schnitt zu machen und nahm den Besteuerten viel mehr ab, als tatsächlich später beim Staat landete.

Daneben versuchte das Römische Reich aber auch, ein System direkter Steuern durchzusetzen, nämlich eine Art Vermögens- oder Ertragssteuer, die sich nach der Größe des Landes bemaß, das einzelnen Menschen gehörte. Dafür benötigte der römische Verwaltungsapparat die Ergebnisse einer Volkszählung. Derartige Volkszählungen wurden dann auch tatsächlich durchgeführt und zwar in den meisten Provinzen des Römischen Reiches im Jahre 8 v. Chr. Allerdings wurden damals nur römische Bürger registriert, d.h. Josef und Maria wären nicht betroffen gewesen. Außerdem ist es unwahrscheinlich, dass eine Volkszählung in Judäa stattgefunden haben könnte, denn die Gegend war damals noch nicht direkt in eine römische Provinz eingegliedert. Die Einführung einer solchen Vermögenssteuer steht dennoch vermutlich im Hintergrund der Weihnachtsgeschichte, und das gleich in zweifacher Weise.

Erst nach dem Tod des Herodes nämlich und nach der Absetzung seines Sohnes Archälaos, der Judäa ebenso grausam wie unfähig regiert hatte, wurde Judäa endgültig in die Provinz Syrien eingegliedert. Das geschah im Jahr 6 oder 7 n. Chr. Spätestens zu diesem Zeitpunkt wurde in Judäa eine Volkszählung notwendig, die sehr wahrscheinlich vom damaligen Provinzstatthalter Quirinius durchgeführt wurde [→ Die Römer, s. S. 51-54]. In Judäa dürfte diese Maßnahme allerdings nicht auf große Begeisterung gestoßen sein. So berichtet Flavius Josephus gar von einer Revolte, die von einem gewissen Judas aus Galiläa angeführt und von Quirinius blutig niedergeschlagen wurde.

Hinzu kommt zweitens, dass um 80 n. Chr., als das Lukasevangelium verfasst wurde, die Erinnerung an die erste umfassende Steuerschätzung im Römischen Reich, die in den Jahren 74/75 n. Chr. durchgeführt wurde, noch sehr präsent gewesen sein dürfte. Für diese Aktion war aber nicht Kaiser Augustus, sondern Kaiser Vespasian verantwortlich. Der hatte nämlich von Nero ein völlig verschuldetes Reich geerbt und versuchte nun, mit neuen Steuern die Finanzen in Ordnung zu bringen. Er war dabei sehr erfinderisch. So soll er nach der Überlieferung des Historikers Sueton sogar eine Latrinensteuer eingeführt und in diesem Zusammenhang den heute noch gerne gebrauchten Spruch »*pecunia non olet*« (Geld stinkt nicht) geprägt haben. Im Rahmen dieser Steuererhebung wurde auch eine besondere Judensteuer eingeführt, die zweifelsohne die Autor*innen des Lukasevangeliums beeinflusst hat.

Alles in allem sind sich Historiker*innen daher heute einig: Die Steuererhebung im Lukasevangelium kann unmöglich eine historische Notiz sein. Vielmehr überträgt sie eine Erfahrung aus der Entstehungszeit des Lukasevangeliums in die Zeit von Jesu Geburt. Innerhalb des Textes hat das Ereignis in erster Linie die theologische Funktion, die Geburt des Heilands nach Bethlehem in Judäa verlegen zu können, also in das Dorf, aus dem ein Teil des jüdischen Volkes den Messias erwartete [→ Bethlehem, s. S. 55-60]. Es handelt sich also gewissermaßen um einen literarischen »Trick«, den man in der antiken Geschichtsschreibung häufig antrifft. Dabei mussten sich die Autor*innen des Lukasevangeliums bemühen, eine realistische Geschichte zu erzählen, wollten sie den Skeptikern und Gegnern des Christentums nicht mit zu plumpen Erfindungen unnötigen Anlass zur Kritik geben. Die Reise nach Bethlehem musste daher, wenn schon nicht historisch korrekt, so zumindest historisch plausibel dargestellt werden, d.h. sich mit dem decken, was die Menschen damals selbst erleben konnten oder in ihrer Umgebung wahrnahmen. Die Volkszählung war eine solche Erinnerung. Lediglich die lange Reise von Nazareth nach Bethlehem wirkt noch unglaubwürdig und unnötig. Warum musste die hochschwangere Maria Josef begleiten?

Der Weg von Galiläa nach Judäa war ungefähr 120 km lang. Josef und Maria müssten sich zu Fuß bewegt und für ihre Reise daher vier bis fünf Tage gebraucht haben. Die Straßen waren damals alles andere als sicher. Es handelte sich also um eine Reise, die Josef ziemlich sicher gerne vermieden hätte, umso mehr, da er seine schwangere Frau mit sich führen musste. Gerade an dieser Stelle ist dennoch die Erzählung historisch glaubwürdig. Neue archäologische Funde zeigen, wie nahe die Erzählung der Weihnachtsgeschichte dann doch wieder der Lebenswirklichkeit von damals ist.

Im Jahr 1961 nämlich wurde in einer Höhle am Toten Meer das Privatarchiv einer jüdischen Frau namens Babatha gefunden, die aus Maoza bei Zoara an der Südspitze des Toten Meeres stammte. Unter den 35 sorgfältig in Leinen verschnürten und in einem Lederbeutel aufbewahrten Papyri, die mehr als 1800 Jahre in einer Höhle gelegen hatten, fand man auch eine Steuererklärung aus dem Jahre 127 n. Chr. Babatha gibt darin Größe und Lage ihres Grundbesitzes an und benennt sogar die Höhe der Ertragssteuer. Sie lebte mit ihrem zweiten Mann, Judanes, zusammen. Obwohl sie als Ehefrau die Vermögende war, ging selbstverständlich ihr Gatte zum Steueramt und unterschrieb die Steuererklärung als Vormund seiner Ehefrau. Die Steuererklärung wurde in Rabbath-Moab abgegeben, das ungefähr 40 km von ihrem Heimatort Maoza entfernt lag, d.h. Babatha und ihr Mann hatten sich bei ihrem zuständigen Steueramt gemeldet, das einen zwei bis drei Tage langen Marsch von ihrem Grundbesitz entfernt lag.

Obwohl die Steuererklärung von Josef und Maria mehr als hundert Jahre älter ist, sind die Ähnlichkeiten zur Geschichte von Babatha und Judanes frappierend. Mann und Frau reisen gemeinsam zu einem weit entfernten Steuerbezirk, weil die Frau dort ein Grundstück besitzt. Der Mann begleitet die Frau, weil er als rechtlicher Vormund seiner Ehefrau agiert. Wäre der Mann der Grundbesitzer gewesen, hätte die Frau selbstverständlich daheim bleiben können und das wäre angesichts der Gefahren auf den Straßen auch sehr vernünftig gewesen.

Dieser Fund und die damit verbundene Geschichte ändern aber unser Verständnis der Weihnachtsgeschichte: Nicht Maria musste Josef begleiten, was für eine hochschwangere Frau völlig unvernünftig gewesen wäre, sondern Josef musste Maria begleiten, um nach den Regeln der römischen Verwaltung als Vormund in Rechts- und Geschäftsangelegenheiten die Steuererklärung seiner Frau miteinreichen zu können. Verpflichtend war die Reise zum Geburtsort allerdings lediglich im Falle einer Grundsteuer, also wenn im Steuerdistrikt ein Grundbesitz vorhanden war. Die beschwerliche Reise der Heiligen Familie ist also nur erklärlich, wenn Maria – und möglicherweise auch Joseph – ein Stück Land in oder um Bethlehem besessen haben. Dies aber zu betonen mag für die Autor*innen des Lukasevangeliums wichtig gewesen sein, um die Zugehörigkeit zum Haus David herauszustellen. Zugleich aber wird mit erstaunlicher Genauigkeit die zensusbedingte Wanderbewegung der Bevölkerung einer römischen Provinz wiedergegeben.

Nicht zuletzt lassen diese Beobachtungen zur steuerlichen Situation von Maria und Josef noch zwei weitere wichtige Aspekte der Weihnachtsgeschichte zum Vorschein kommen. Zunächst legen sie nämlich die Vermutung nahe, dass Maria und Josef zum Zeitpunkt der Steuererhebung, als Jesus geboren wurde, nicht nur verlobt, sondern bereits verheiratet waren. Ansonsten hätte Maria dem Hausstand ihres Vaters zugerechnet werden müssen und Josef hätte nicht als ihr Vormund auftreten können. Außerdem lässt das Vorhandensein von Grundbesitz in der Familie von Maria die Heilige Familie als einigermaßen wohlhabend erscheinen und also keinesfalls als bettelarm, wie die christliche Tradition sie über Jahrhunderte dargestellt hat [→ Ein »Zimmermann« aus Nazareth, s. S. 72-78].

5.
Die Römer

oder:
Was haben Augustus und Quirinius
mit der Weihnachtsgeschichte zu tun?

Ein paar römische Soldaten dürfen in keiner gut ausgestatteten Weihnachtskrippe fehlen, wenn sie auch für gewöhnlich ganz hinten stehen müssen, dort, wo die Silhouette der antiken Stadt Jerusalem zu sehen ist. Sie tragen Lanzen, Helme und den unverkennbaren roten Mantel der Legionäre. Die martialischen Gesellen erinnern daran, dass Jesus in einem Land geboren wurde, das nicht frei war, sondern von der größten Weltmacht der damaligen Zeit – Rom – kontrolliert wurde. Am Beginn der Geburtserzählung nennt das Lukasevangelium dann auch zwei Eigennamen, die Vertreter dieser Weltmacht benennen. Für die heutigen Leser*innen haben sie keine Bedeutung mehr, den ursprünglichen Adressaten des Evangeliums aber sagten die Namen durchaus etwas: Augustus und Quirinius.

Augustus ist der Kaiser, der wichtigste Mann im Römischen Reich. Quirinius ist Statthalter des Kaisers in der Provinz Syrien und damit der wichtigste Mann in jener Verwaltungseinheit des Imperiums, in der sich die Geburt zugetragen hat. Dass Kaiser Augustus erwähnt wird, ist vor allem von theologischer Bedeutung. Jesus, der Sohn Gottes, wurde geboren, als Augustus – der Adoptivsohn des damals wie ein Gott verehrten Julius Cäsar – Kaiser des Römischen Reiches war. Das Lukasevangelium spielt hier bewusst auf die Führerpersönlichkeit des Augustus an und auf deren Merkmale. Als die Engel den Hirten die Geburt Jesu verkünden, sprechen sie nämlich von dem Neugeborenen als von demjenigen, der Frieden auf Erden bringen wird [→ Hirten und Engel, s. S. 104-107]. Die Untertanen des Römischen Reiches wussten damals ganz genau, wer eigentlich beanspruchte, für diesen Frieden zuständig zu sein: Kaiser Augustus nämlich. Denn die »*pax augusta*«, der augustinische Frieden, war das zentrale Element des innenpolitischen Programms dieses (ersten) Kaisers.

Augustus verstand sich selbst als derjenige – bzw. wurde von seinen Biographen so präsentiert –, der ein goldenes Zeitalter, eine Art paradiesischen Zustand, hervorgebracht hatte. Im Osten des Reiches, also auch in der Gegend, wo Jesus auf die Welt kam, wurde Augustus sogar als »Retter der Menschheit« und »Friedensfürst« verehrt.

Das Lukasevangelium wurde gegen Ende des 1. Jahrhunderts n. Chr. geschrieben und zwar für Menschen, die in der griechisch-römischen Gesellschaft lebten. Die in der Erzählung anklingenden Parallelen zwischen Jesus und dem Kaiser sind daher keineswegs zufällig. Sie nehmen Bezug auf die Erwartungen der Menschen und auf das, was sie sich erzählten, was in der Kultur und Literatur der Zeit en vogue war. So hatte der berühmte Dichter Vergil bereits 40 Jahre vor Jesu Geburt ein Gedicht verfasst, in dem es um ein Kind geht, das von einer Jungfrau geboren wird und Frieden in die Welt bringt. Dieses Kind war in den Augen Vergils sehr wahrscheinlich Augustus, die ersten Christen dagegen sahen in dem Text eine prophetische Vorhersage der Geburt Jesu.

Dass Augustus am Beginn des Lukasevangeliums genannt wird, hilft aber auch dabei, die politische Situation des Landes, in dem Jesus geboren wurde, zu verstehen. Jesus kam als Mitglied einer jüdischen Familie zur Welt und gehörte somit – aus religiöser

Sicht – dem von Gott erwählten Volk Israel an, in politischer und sozialer Perspektive hingegen war er ein Mensch zweiter Klasse. Denn ein Galiläer war kein römischer Bürger, sondern ein Untertan aus einem eroberten Land. Als solcher war er völlig bedeutungslos. In der Zeit um Jesu Geburt war Kaiser Augustus in Rom bemüht, seine Nachfolge zu regeln. Zu diesem Zweck hatte er den designierten Kronprinzen – Gaius Cäsar den Sohn seiner Tochter Julia – in die Provinz Syrien geschickt. Er sollte die dortige Verwaltung kontrollieren. Der künftige Herrscher des Weltreiches war also ganz nah, als Jesus zur Welt kam. Doch weder er noch sein berühmter Großvater bemerkten etwas davon und hätten sich für die Geburt eines kleinen jüdischen Balges mit Sicherheit auch gar nicht im Mindesten interessiert.

Wie es dazu gekommen war, dass die Römer das Land Jesu erobert hatten, können wir sehr detailliert bei Publius Cornelius Tacitus nachlesen. Dieser lebte in der zweiten Hälfte des 1. Jahrhunderts n. Chr. in Rom, stammte aus einer reichen Familie und schaffte es bis zum Senator. Berühmt ist er allerdings nicht wegen seiner politischen Laufbahn geworden, sondern weil er ein begabter Redner und ein noch erfolgreicherer Autor war. Sein berühmtestes Werk sind die »Historien«. Im fünften Buch dieses Werkes berichtet er von der Eroberung Jerusalems und der Zerstörung des Tempels durch die 10. Legion unter dem Kommando des Titus im Jahre 70 n. Chr. Dabei beschreibt er in einem Rückblick – durchaus mit antisemitischen Zügen –, wie Pompeius mehr als hundert Jahre zuvor mit seinem Pferd in den Jerusalemer Tempel reitet und enttäuscht wieder herauskommt, weil er im innersten Teil des Tempels keinen Gott angetroffen hat. Das bis zu diesem Zeitpunkt geheimnisvolle und gut geschützte Heiligtum war schlicht und einfach leer.

Die Episode ereignete sich im Jahre 63 v. Chr., nachdem Pompeius in den Jahren zuvor den Mittleren Osten erobert und somit auch Galiläa, Samaria, Idumäa, Nabatäa und Judäa unter die römische Herrschaft gebracht hatte. Dort setzte Rom nach einigen Reibereien mit den Parthern, die die Ostgrenze des Imperium Romanum bedrohten, einen treuen Vasallenkönig ein. Dieser König »von Roms Gnaden« war Herodes, der später den Beinamen »der Große« erhielt. Er war der König des Landes, in dem Jesus auf die Welt kam [→ König Herodes der Große, s. S. 112-120]. Herodes sollte dafür sorgen, dass sich die Menschen im Land ruhig und friedlich verhielten und ihre Steuern bezahlten. Das gelang Herodes mehr als 30 Jahre lang, seine Kinder wurden in Rom ausgebildet, Kaiser Augustus war sein Freund.

Neben Augustus spielt ein zweiter Römer am Beginn des Lukasevangeliums eine wichtige Rolle: Publius Sulpicius Quirinius. Dieser Quirinius ist eine Art Schlüsselfigur für die gesamte Erzählung, denn ohne seinen Befehl, alle Menschen in der Provinz zählen zu lassen, wären Josef und Maria nicht von Nazareth nach Bethlehem in Judäa gekommen, und wir hätten heute keine Weihnachtsgeschichte oder zumindest hätten wir nicht die Weihnachtsgeschichte, die wir alle kennen [→ Steuern und eine Reise, s. S. 40-46]. Über Quirinius weiß man aus römischen Quellen erstaunlich viel. Er war ein Mitglied der neuen römischen Aristokratie, die zwar keine ruhmreiche Familiengeschichte aus der Zeit der Republik vorweisen konnte, jedoch sehr ehrgeizig und vor allem dem Kaiser treu ergeben war.

Quirinius selbst hatte sich vielfach als hervorragender Kämpfer und Stratege ausgezeichnet. Er besiegte die Gramanten in Libyen, dann wurde er Konsul, und als er auch von Kleinasien siegreich nach Rom zurückkehrte, gewährte ihm Augustus die höchste Ehre, die der Kaiser gewähren konnte: einen Triumphzug durch die Straßen Roms. Schließlich wurde Quirinius *rector*, eine Art Mentor, Berater und Begleiter von Gaius Cäsar, dem designierten Nachfolger des Augustus. Den höchsten Karrieresprung machte er aber kurz nach dem unglücklichen Tod des jungen Prinzen, der nach einer banalen Kriegswunde bei der Belagerung einer unbedeutenden armenischen Stadt an der Folge einer Entzündung verstarb. Im Jahr 6. n. Chr. ernannte ihn Augustus nämlich zum Legaten und Statthalter der Provinz Syrien. Diese Provinz war für Rom äußerst wichtig, denn dort war die römische Armee stationiert, welche die Grenze des Reiches gegen die traditionell unruhigen und angriffslustigen Feinde der Römer im Osten – die Parther – schützen sollte. Quirinius befehligte damals vier Legionen und unzählige Hilfstruppen.

Um alle diese Menschen ernähren, ausbilden und finanziell unterhalten zu können, brauchte er sehr viel Geld. Insofern ist die Volkszählung, die er kurz nach seiner Ernennung zum Legaten anordnete und von der in den Evangelien berichtet wird, historisch durchaus glaubwürdig. Man wollte anhand der Einwohnerzahl ermitteln, wie viel die einzelnen Teile der Provinz an Steuern an die Zentrale abführen mussten.

Im Jahre 6 n. Chr. hat sehr wahrscheinlich eine solche Volkszählung stattgefunden [→ Steuern und eine Reise, s. S. 42]. Flavius Josephus, der jüdisch-römische Historiker, berichtet davon und schreibt, dass die Juden diese Verwaltungsmaßnahme als Einschränkung ihrer Freiheit wahrnahmen und deswegen zu rebellieren begannen. Quirinius, der nach dem Tod des Herodes zehn Jahre zuvor die innenpolitischen Wirren unter Kontrolle gebracht und sich mit seinem Zensus unbeliebt gemacht hatte, blieb den Menschen lange in Erinnerung. Daher kommt er gewissermaßen als »Geburtshelfer« in der Weihnachtsgeschichte des Lukasevangeliums vor. Dass Jesus zum Zeitpunkt seines Wirkens vermutlich schon ein Jugendlicher war, stört das Lukasevangelium nicht [→ Das Jahr 0, s. S. 20-21]. Denn das Ziel des Evangeliums ist es nicht, mithilfe des Verweises auf Quirinius möglichst exakt die Geburt von Jesus zu datieren, sondern zu zeigen, in was für eine Welt er geboren wurde: in eine Welt, in der Rom das Sagen hatte und das jüdische Volk seine Hoffnungen auf denjenigen setzte, der es von der Fremdmacht befreien würde.

Der Kaiser und sein Provinzstatthalter stehen am Beginn des Lukasevangeliums also sinnbildlich für die weltliche Macht Roms, eine Macht, die unbesiegbar und gewaltig erschien, die aber – in den Augen der Evangelisten – schon bald ihre Bedeutung verlieren sollte, und zwar dann, wenn die Friedensherrschaft des neuen Messias, dem gerade geborenen Jesuskind, anbrechen würde. Augustus, Quirinius – und später auch Pilatus – sowie all die anderen Römer, die in den Evangelien vorkommen, sind zwar historische Figuren, interessieren aber nicht als konkrete Persönlichkeiten, sondern nur insofern, als sie dazu dienen können, eine theologische Botschaft zum Ausdruck zu bringen und zu transportieren.

6.
Bethlehem

oder:
In welcher Stadt wurde Jesus geboren?

Wenn man heute von Jerusalem aus die knapp 30.000 Einwohner starke Stadt Bethlehem erreichen will, muss man sich einer Geduldsprobe unterziehen. Bis vor wenigen Jahren konnte man noch eine direkte Buslinie zwischen den beiden Städten benutzen. Heute fährt der Autobus nur noch bis knapp an die bis zu acht Meter hohe Mauer, die Jerusalem von den palästinensischen Autonomiegebieten trennt und terroristische Anschläge in Israel verhindern soll. Dann muss man aussteigen und zu Fuß mehrere Checkpoints passieren. Je nach Staatsangehörigkeit fallen die Kontrollen dort unterschiedlich ausführlich aus. Hat man die Mauer dann einmal hinter sich gelassen, geht die Fahrt mit einem palästinensischen Taxi weiter, das je nach Verhandlungskunst mehr oder weniger preiswert ist. Die Fahrt von Jerusalem bis ins Zentrum von Bethlehem kann so abhängig vom Verkehr bis zu vierzig Minuten dauern, obwohl die Stadtzentren weniger als 10 km Luftlinie trennen. Dennoch: Sehr viele Menschen nehmen diese Mühe auf sich, denn in Bethlehem ist schließlich Jesus geboren. – Oder?

Der zu Lebzeiten äußerst einflussreiche, nach seinem Tod dann allerdings als Ketzer verurteilte Theologe Origenes berichtet am Beginn des 3. Jahrhundert n. Chr. von einer in Bethlehem befindlichen Geburtsgrotte, die schon damals das Ziel vieler Pilger war. Archäologische Untersuchungen haben mittlerweile ergeben, dass sich diese Grotte inmitten einer kleinen Siedlung befunden haben muss. Ihre Außenwand diente vermutlich als natürliche Mauer für eine zweistöckige Konstruktion, die man als Wohnhaus mit mehreren Räumen glaubt identifizieren zu können.

Über die Grotte ließ Kaiser Konstantin Anfang des 4. Jahrhunderts eine fünfschiffige Kirche erbauen, die im 6. Jahrhundert durch einen Brand zerstört wurde. Kaiser Justinian verdanken wir dann den Nachfolgebau, der im Wesentlichen identisch ist mit der Kirche, die man heute vorfindet, und in die man nur durch eine sehr schmale Tür gelangt, eine Erinnerung an Zeiten, in denen nicht nur Pilger, sondern auch Menschen mit weniger frommen Absichten den Ort heimsuchten. Einen schmalen Eingang nämlich kann man leichter gegen Feinde verteidigen als ein Kirchenportal. Die Perser haben im Kampf gegen das Byzantinische Reich Bethlehem zwar erobert, ließen die Kirche überraschenderweise aber stehen. Die Basilika in Bethlehem ist somit die älteste erhaltene – und ununterbrochen genutzte – Kirche der Christenheit.

Steigt man in ihr die wenigen Stufen hinunter, die in eine unter dem Hauptaltar gelegene Krypta führen, entdeckt man am Boden ein rundes Loch, das seit dem Jahr 1717 von einem vierzehnzackigen Stern aus Silber umgeben ist. Die lateinische Inschrift »*Hic de virgine Maria Jesus Christus natus est*« erklärt ohne große Umschweife den Grund der Bedeutung dieses Ortes: Hier ist Jesus von der Jungfrau Maria geboren. So weit, so gut.

Doch was steht eigentlich in der Bibel?

In der Weihnachtsgeschichte nach Lukas verkündet eine Gruppe von Engeln einigen Hirten auf dem Felde, der Retter sei »in der Stadt Davids« geboren [→ Hirten und Engel, s. S. 107-108]. Mit »Stadt Davids« ist im Alten Testament zwar ausnahmslos Jerusalem gemeint, dennoch machen sich die Hirten bei Lukas umstandslos auf den Weg und marschieren nach Bethlehem. Warum?

Nun: Bethlehem ist zwar nicht die »Stadt Davids«, aber sie ist – zumindest nach der Erzählung im ersten Buch Samuel – die Stadt, in der der spätere König Israels, David, geboren wird. Dort wird er als kleiner Junge auch zum König gesalbt. Antike christliche Quellen berichten später von einer großen Basilika, die man dem heiligen David gewidmet hatte, und noch heute erinnert in der Stadt ein Brunnen mit drei Zisternen daran, dass David ein Junge aus Bethlehem war. Das kleine Dorf Bethlehem, das aufgrund seiner Lage abseits der wichtigsten Verbindungsstraßen der Antike eigentlich zu einem unbedeutenden Dasein verurteilt hätte sein müssen, galt als Heimatstadt Davids als messianische Stadt schlechthin.

Und dies war auch deshalb etwas Besonderes, weil »Sohn Davids« damals schon lange nicht mehr ein Titel des Königs von Israel war. Seit der Eroberung der Region durch Pompeius Magnus im Jahre 63 v. Chr. wurde das Land, mit einer kurzen Unterbrechung, von den Römern regiert [→ Die Römer, s. S. 48-51]. Der jüdische König war lediglich eine Marionette Roms. »Sohn Davids« war daher von einem Königstitel zu einer Bezeichnung für den herbeigesehnten Messias geworden. Eine Prophetie aus dem Buch Micha, die vom Matthäusevangelium fast wörtlich übernommen wird, ist diesbezüglich eindeutig: Aus Bethlehem wird derjenigen hervorgehen, der über Israel herrschen soll. Wie damals David Israel einte, so wird aus der Stadt ein neuer Herrscher kommen, der die alte staatliche Größe wiederherstellt [→ Die Heiligen drei Könige, s. S. 128-129].

Dass nicht erst die Römer den Staat Davids beseitigt hatten und dieser zur Zeit, als das Matthäusevangelium verfasst wurde, schon seit fast 800 Jahren nicht mehr existierte – das Reich Israel wurde nämlich 722 v. Chr. von den Assyrern erobert und verschwand damit gewissermaßen von der Weltkarte –, störte damals niemanden. Denn die Juden, egal wo sie lebten, verstanden sich noch immer als »Volk Israel« und ein paar Jahrzehnte später sollten die Christen versuchen, in ihre Rolle zu schlüpfen, und für sich den Titel »neues Israel« beanspruchen.

Macht das Lukasevangelium Bethlehem also zum Geburtsort Jesu, weil er eine ähnliche Absicht verfolgt und schon mal klarstellen will: Jesus ist der neue David? Dagegen spricht, dass die Sache sich im Matthäusevangelium etwas anders darstellt. Die Magier aus dem Orient kennen nämlich die alte Prophetie aus dem Buch Micha, nach der der künftige Herrscher Israels irgendwo in Bethlehem geboren wird, und fragen Herodes deshalb nach dem genauen Ort der Geburt. Der amtierende König der Juden aber scheint keine Ahnung zu haben, worum es geht. Er muss erst seine Berater befragen [→ König Herodes der Große, s. S. 115-117].

Nur eine Wissenslücke bei Herodes? Eher nicht. Vielmehr scheint es, dass Bethlehem in der Zeit, in der die Evangelien verfasst wurden, noch nicht selbstverständlich als Geburtsort des Messias gegolten hat. Dazu passt auch ein anderer Befund: Keine der aus den antiken jüdischen bzw. römischen Quellen bekannten Messias-Gestalten, von denen es eine ganze Menge gab, wird als ein Mann aus Bethlehem beschrieben [→ Der Messias, s. S. 92-96]. Nicht einmal der berühmte Simon Bar Kochba, der Anführer der Juden im zweiten Krieg gegen die Römer von 132 bis 136 n. Chr., behauptete von sich, er sei in Bethlehem geboren. Und auch als Rabbi Hillel, ein wichtiger Rabbiner und Begründer einer eigenen theologischen Schule in Jerusalem, Bar Kochba offiziell als Messias anerkannte, verlor er kein Wort über einen möglichen Bezug zu Bethlehem.

Warum also musste Jesus ausgerechnet in Bethlehem zur Welt kommen? Zumal sowohl im Markus- als auch im Johannesevangelium vorausgesetzt wird, dass Jesus nicht nur in Nazareth, einem kleinen und noch unbedeutenderen Dorf als Bethlehem, gelebt hat, sondern auch, dass er dort geboren wurde. Darum wird er auch der »Nazarener«, also der Mann aus Nazareth, genannt. Wenn in Johannes 1,45 zum ersten Mal die Frage nach der Herkunft Jesu gestellt wird – nämlich »Was kann aus Nazareth Gutes kommen?« – kommen im Text kein Widerspruch und auch kein Hinweis auf einen anderen Geburtsort. Das Johannesevangelium kennt die Tradition, wonach Jesus in Bethlehem geboren ist, offensichtlich nicht. Ansonsten wäre hier die richtige Stelle gewesen, mit dem Verweis auf den Geburtsort Bethlehem die Argumentation der Gegner zu entkräften.

Anders das Lukas- und das Matthäusevangelium: Beide kennen das Motiv der Davidsohnschaft sowie den damit verbundenen Messias-Anspruch, der Jesus zugesprochen wird, und wissen diese Elemente gekonnt einzusetzen. Um den tatsächlichen Geburtsort des historischen Jesus dürfte es ihnen darum niemals gegangen sein, sondern um eine klare theologische Botschaft. Das Matthäus- und das Lukasevangelium legen Wert darauf, Jesus als Nachfahren von König David auszuweisen, damit er rechtmäßig der Messias Israels sein kann. Daher muss Jesus in der gleichen Stadt wie König David geboren werden – in Bethlehem. Die Tradition, dass Bethlehem – was übrigens »Haus des Brotes« bedeuten kann und als Name bereits symbolische Kraft besitzt – der Geburtsort des Messias ist, musste der jungen Christengemeinde offenbar bekannt gewesen sein. Daher verlegte man in zwei von vier Evangelien den Schauplatz der Weihnachtsgeschichte kurzerhand von Nazareth nach Bethlehem.

7.
Maria

oder:
Warum muss der Messias von einer Jungfrau geboren werden?

Die Ankündigung der Geburt Jesu ist eine der spannendsten Erzählungen des Neuen Testaments. Zugleich wirft sie aber eine Reihe von Fragen auf. So fällt zunächst einmal auf, dass von der Geburt des Gottessohnes im Markus- und im Johannesevangelium sowie bei Paulus und in der übrigen Briefliteratur des Neuen Testaments schlichtweg nichts erzählt wird, vermutlich, weil sie den Autor*innen nicht interessant genug erschien. Im Lukas- und im Matthäusevangelium dagegen erhält das Geburtsgeschehen besondere Aufmerksamkeit. Beide Evangelien berichten zwar recht unterschiedlich von dem Ereignis, sind sich aber zumindest darüber einig, dass die Mutter des kleinen Jesuskindes eine Jungfrau gewesen sein muss.

Im Lukasevangelium ist es sogar Maria selbst, die sich als solche outet. Sie habe noch keinen Mann erkannt, erwidert sie dem Engel, der ihr die Schwangerschaft ankündigt, gleich im ersten Kapitel (Lukas 1,34). Das ist heutigen Ohren eine merkwürdige Formulierung: Denn natürlich können wir davon ausgehen, das Maria zumindest ein paar Männer gekannt haben wird, zumal sie mit Josef [→ Ein »Zimmermann« aus Nazareth, s. S. 72-73] immerhin verlobt war. Gemeint ist aber etwas ganz anderes. Und das zeigt, dass Maria vielleicht Jungfrau, aber sicher nicht unaufgeklärt war. Mit dem griechischen Verb *gignosko* (kennen, erkennen) wird das aramäische *yadach* – Aramäisch ist Marias Muttersprache – wiedergegeben, das ebenfalls »kennen, erkennen« bedeutet. Und wie dieses »(Er-)Kennen« gedeutet werden kann, wird ziemlich klar, wenn man sich andere Stellen anschaut, in denen das Verb in der Bibel vorkommt. Immer nämlich, nachdem ein Mann eine Frau

»erkannt« hat, kommt es zu einer Schwangerschaft und zur Geburt eines Kindes. *Yadach* ist im Kontext einer Beziehung zwischen Mann und Frau also zweifelsohne als ein »sexuelles Kennen« zu interpretieren, dessen Folge Schwangerschaft und Nachkommen sind. Was Maria dem Engel also mitteilen will, ist, dass sie noch mit keinem Mann geschlafen hat. Dass der etwas steife und missverständliche deutsche Ausdruck trotz Sprachwandel über Generationen von Gläubigen beibehalten worden ist, kommt vermutlich daher, dass jede Anspielung auf sexuelle Aktivitäten der Gottesmutter vermieden werden musste und man daher natürlich auch das entsprechende Vokabular nicht verwenden durfte.

Das Matthäusevangelium legt dann sogar noch eine Schippe drauf und teilt den Leser*innen mit, dass das Ganze die Erfüllung einer Prophezeiung gewesen sei. Im Buch des Propheten Jesaja heißt es, so erfährt man: »Siehe, die Jungfrau wird schwanger sein und einen Sohn gebären [...]« (Matthäus 1,23 in Anspielung auf Jesaja 7,14). Ein klarer Fall, dachten zumindest die Bischöfe, die 553 n. Chr. bei einem Konzil in Konstantinopel feierlich deklarierten, dass die »heilige, glorreiche, immerwährende Jungfrau Maria wahrhaftig die Gottesgebärerin« sei. Dabei bekräftigten sie eine Entscheidung, die mehr als 100 Jahre zuvor (431 n. Chr.) bei einem anderen Konzil in der kleinasiatischen Stadt Ephesus getroffen worden war. Dort hieß es: Maria hat nicht nur den Menschen Jesus, sondern auch den Gott Jesus geboren, denn in Jesus sind göttliche und menschliche Natur vereint. Sie ist also auch die Gottesgebärerin.

Die Sache mit der Jungfräulichkeit kam ohne große Erklärung hinzu. Als verpflichtender Glaubenssatz festgelegt wurde sie verhältnismäßig spät, nämlich 649 n. Chr. in Rom ebenfalls bei einer Zusammenkunft von Bischöfen. Damals wie heute ist eine solche Annahme aber nicht ganz unproblematisch, nicht zuletzt, weil es biologisch unmöglich ist, eine möglicherweise noch bestehende Jungfräulichkeit bei einer natürlichen Geburt zu bewahren. Von daher braucht es nicht zu verwundern, dass es keine literarischen Parallelen zu dieser Vorstellung gibt, weder in der altorientalischen noch in der ägyptischen Welt und schon gar nicht in der biblisch-jüdischen Tradition.

Insofern kann man davon ausgehen, dass eine jungfräuliche Geburt auch für die ersten Leser*innen der neutestamentlichen Schriften einigermaßen unverständlich gewesen sein muss. Gewiss, in den griechischen Mythen war immer wieder von einer jungfräulichen Empfängnis die Rede, meist dann, wenn Götter sich erdreisteten, mit nicht-göttlichen Frauen ein Liebesverhältnis einzugehen. So zum Beispiel Apollon mit Periktione, der Mutter Platons, Zeus mit Danaë, der Mutter des Perseus, noch einmal Zeus (bzw. sein ägyptisches Pendant Amun) mit Olympia von Epirus, der Mutter von Alexander dem Großen, oder – schon wieder – Zeus mit Alkmene, der Mutter des Herakles. Auf so wundersame Weise soll Zeus aber nicht nur Knaben gezeugt haben, aus denen später naturgemäß wichtige Männer wurden, sondern auch ein Mädchen: Seiner Liebe zu Leda nämlich entsprang Elena, die sagenhaft schön gewesen sein soll und mit ihrer Schönheit zum Anlass für den trojanischen Krieg wurde. Ein einziges Mal ist in der antiken Literatur über die jungfräuliche Empfängnis hinaus sogar die Rede von einer Jungfrauengeburt, nämlich in der 4. Ekloge von Vergil. Allerdings wird hier im Text nicht klar, wer die Frau und wer das Kind ist. In der Bibel dagegen wird nur von Frauen berichtet, die als unfruchtbar galten, dann aber – meist durch göttliche Hilfe – Kinder bekommen haben. Unfruchtbarkeit und Jungfräulichkeit sind aber ja ganz unterschiedliche Dinge.

Nichtsdestotrotz scheint die Sachlage in den Evangelien klar: Maria hat jungfräulich empfangen. Daran sollte man also besser glauben, wenn man die Lehre der christlichen Kirchen – ob katholisch, protestantisch oder orthodox spielt hier keine Rolle – anerkennt. Die angebliche Weissagung des Propheten Jesaja von der Jungfrau, die ein Kind gebären wird, ist allerdings ziemlich problematisch. Gegen Ende des 2. Jahrhundert n. Chr. wurde deswegen das Protoevangelium des Jakobus verfasst, um gerade diese Problematik zu klären. Im deutlich detailreicheren Bericht über die Geburt Jesu wird erzählt, dass eine der beiden anwesenden Hebammen, Salome, die Jungfräulichkeit Marias mit ihrem Finger überprüfen wollte. Beim Versuch verdorrte aber ihre Hand, was als Bestätigung der Jungfräulichkeit galt. Die Hand wurde erst wieder gesund, als die skeptische Hebamme die Windeln Jesu berührte, so dass dieser auch gleich sein erstes Wunder vollbrachte. Die Erzählung ist ganz nett, historisch ist sie aber nicht.

Nähert man sich den Texten des Matthäusevangeliums und des Jesajabuches unbefangen, kann man eine Reihe interessanter Beobachtungen machen: Zunächst einmal wird man feststellen, dass die Evangelien auf Griechisch verfasst wurden, während das Buch Jesaja ursprünglich auf Hebräisch geschrieben wurde. Für das Jesaja-Zitat gebraucht das Matthäusevangelium eine sehr alte griechische Übersetzung aus dem Hebräischen, die heute als Septuaginta bekannt ist. Der Legende nach haben 70 jüdische Gelehrte unabhängig voneinander die Übersetzung zur gleichen Zeit angefertigt und sind 70 Mal zu demselben Ergebnis gekommen. Diese Legende dient klarerweise dazu, der Septuaginta Autorität zu verleihen.

Doch zurück zu unserer Jungfrau. Da Übersetzungen nicht nur für Fehler anfällig sind, sondern an sich schon Interpretationen darstellen, empfiehlt es sich, den hebräischen Text selbst in den Blick zu nehmen. Hier klingt die Prophezeiung des Jesaja schon anders: »Siehe«, so heißt es im Original, »die junge Frau ist schwanger und wird einen Sohn gebären« (Jesaja 7,14). Das Jesajabuch verwendet für »junge Frau« das Wort »*'alma*«, das eine junge, heiratsfähige und geschlechtsreife Frau meint. Diese kann eine Jungfrau sein, muss es aber nicht. Auf Hebräisch gibt es nämlich noch ein anderes Wort, *betula,* das die Jungfräulichkeit einer Frau bezeichnet und das die Autor*innen des Textes hätten verwenden können bzw. müssen, hätten sie tatsächlich von einer Jungfrau und nicht bloß von einer jungen Frau berichten wollen.

Der Begriff *betula* wurde damals sogar häufig gebraucht und war vor allem in Fragen des Sexualrechts sehr wichtig. In der damaligen, patriarchalischen Gesellschaft war im Fall einer Heirat die jungfräuliche Tochter für die Familie nämlich »wertvoller« als eine, die keine Jungfrau mehr war. Es ist also bestimmt kein Zufall, wenn im hebräischen Text von einer »*'alma*« und nicht von einer »*betula*« die Rede ist. Zudem deuten sowohl der Kontext der Erzählung als auch der Umstand, dass Jesaja das Wort »junge Frau« mit einem bestimmten Artikel versieht, also von »der jungen Frau« redet, darauf hin, dass diese Frau dem Propheten und seinen Zuhörer*innen bekannt gewesen sein muss.

Jesaja meint also nicht irgendeine Jungfrau, die Jahrhunderte später den Gottessohn gebären sollte, sondern eine ganz konkrete junge Frau. Das Kind dieser »*'alma*« ist folglich auch nicht Jesus, der erwartete Messias der Endzeit, sondern ein kleiner Junge aus der Umgebung des Propheten. Die führenden Jesajaforscher gehen heute davon aus, dass dieses Kind der Sohn von Ahas, dem damaligen König von Juda, gewesen ist. Möglicherweise wurde aus ihm der spätere König Hiskija, der in der Bibel äußerst positiv dargestellt wird, weil er eine Kultreform gegen den Götzendienst durchgeführt hat. Die junge Frau im Jesajabuch ist daher vermutlich Abi, die Gattin des Königs Ahas.

Schuld an der späteren Verwechslung ist aber nicht nur Jesaja mit seiner für uns heute mehrdeutigen Prophetie, sondern es sind vor allem die Übersetzer, die das Jesajabuch ins Griechische übertrugen. Diese hätten nämlich das griechische Wort »*neânis*« gebrauchen müssen, hätten sie, wie es von Jesaja beabsichtigt war, »junge Frau« oder »Mädchen« übersetzen wollen. Sie taten es aber nicht, sondern verwendeten stattdessen das Wort »*parthénos*« – »Jungfrau«. Die lateinische Übersetzung spricht in der Folge konsequenterweise von einer »*virgo*«, was ebenso »Jungfrau« bedeutet.

Die ganz konkrete Gestalt von Abi, der jungen, sicher nicht jungfräulichen Königsgattin, wird somit zur vagen Idee einer gebärenden Jungfrau, d.h. zu einem Paradoxon, das sich 700 Jahre später für die Autor*innen der Evangelien von Lukas und Matthäus aber wohl gerade deshalb anbot, weil es durch seine Spannung das Geheimnis von der Göttlichkeit Jesu zum Ausdruck bringt. Nichtsdestotrotz handelt es sich dabei um eine christliche Interpretation eines jüdischen Textes, die mit seiner ursprünglichen Bedeutung kaum mehr etwas zu tun hat. Eine mit dem Wissensstand des Jahres 2021 erzählte Weihnachtsgeschichte aber könnte das Bild von der jungfräulichen Gottesgebärerin durch dasjenige einer gläubigen jungen Frau und liebevollen Mutter ersetzen.

8.

Ein »Zimmermann« aus Nazareth

oder:
Welche Rolle spielte Josef
im Leben seines Sohnes?

Während Maria in den vielfältigen Darstellungen der Geburt Jesu naturgemäß eine wichtige Rolle hat, steht Josef, der irdische Vater des Jesuskindes, meistens im Hintergrund. An der Krippe und ganz allgemein in der Weihnachtsikonographie befindet er sich am Rand des Geschehens. Oft ist er kleiner und immer deutlich älter als Maria, die gemeinsam mit dem Kind die Mitte der Szene für sich beansprucht. In manchen alten Darstellungen der Weihnachtsszene sind neben Josef sogar bereits erwachsene Kinder aus einer früheren Ehe zu sehen. Es gibt nämlich die Idee, das Josef schon Witwer war, als er die schwangere Maria ehelichte. Nur so meinte man erklären zu können, woher die Geschwister von Jesus kamen, von denen in den Evangelien immer wieder die Rede ist. Es waren eben Halbgeschwister ...

Wer aber war dieser Josef wirklich? Die Vorstellung, dass er ein alter Knacker war, ergraut und vielleicht schon verwitwet, ist zwar weit verbreitet, hat aber keinen Rückhalt in den antiken Quellen. Sowohl die Annahme, dass die Ehe mit Maria seine zweite war wie auch die Vorstellung, dass er mit Maria auch nach der Geburt Jesu nur wie Bruder und Schwester zusammengelebt habe, um ihre Jungfräulichkeit zu erhalten, haben im biblischen Text keinerlei Begründung. Sie kommen erst in einer apokryphen Schrift, dem Protoevangelium des Jakobus, vor. Hierbei handelt es sich um ein hübsches, vermutlich aber frei erfundenes Märchen und ganz sicher nicht um einen Tatsachenbericht [→ Maria, s. S. 67-68].

Belastbarer ist ein Hinweis aus dem Markusevangelium. Dort heißt es nämlich, als von Jesu Auftritt in der Synagoge seiner Heimatsstadt Nazareth berichtet wird, er sei der »Sohn der Maria« (Markus 6,3). In der Diktion der Zeit heißt das: Zu dem Zeitpunkt, zu dem Jesus in der Synagoge von Nazareth das Wort ergreift, ist Maria wahrscheinlich schon Witwe, denn sonst wäre Jesus der »Sohn des Josef« gewesen. Josef, der im Zusammenhang mit dem öffentlichen Wirken Jesu tatsächlich nie erwähnt wird, war damals bereits verstorben, was bei der damaligen Lebenserwartung von 45 bis 50 Jahren durchaus denkbar ist.

Wann Josef dagegen geboren wurde, wann genau und wie er gestorben ist bzw. wie sein Leben mit Maria und Jesus ausgesehen hat, das wissen wir nicht. Allerdings hat der unscheinbare Josef den jungen Gottessohn doch zweifellos (mit-)aufgezogen. Mit seiner Arbeit hat er ihm und seiner Mutter mindestens zwei Jahrzehnte lang das Überleben gesichert. Mehr noch, als guter jüdischer Vater musste er seinem Sohn einen Beruf beibringen, ihn die gemeinsame Religion lehren und zu gegebener Zeit eine Frau aussuchen. Bis auf diese letzte Aufgabe – über eine Ehefrau Jesu schweigen die uns heute zur Verfügung stehenden Quellen – dürfte Josef all diese Aufgaben erfüllt haben.

Wenn wir außerdem die Erkenntnisse der modernen Entwicklungspsychologie ernst nehmen, dann können wir davon ausgehen, dass es selbstverständlich Josef war, der das Vaterbild seines Ziehsohnes geprägt hat. Und das ist nicht unwichtig. Denn das von Jesus vertretene Gottesbild ist das eines barmherzigen, liebevollen, zärtlichen, vergebenden, offenen und stets fürsorglichen Vaters. Wir dürfen annehmen, dass Jesus einen solchen Vater in Josef hatte.

Was war Josef noch? Ein Revolutionär, der die offene Revolte gegen die Römer unterstützte, wie manche meinen? Ein frommer Jude? Auf jeden Fall ein guter Erzähler, denn von irgendjemandem muss Jesus die vielen Fabeln und Gleichnisse, die er erzählt, ja haben. Und in einer Welt, in der es kein geregeltes Schulsystem gab, war es letztlich nur die Familie, die Bildung vermittelte.

Josef scheint zudem gerecht, großherzig und sensibel gewesen zu sein, jedenfalls stellt das Matthäusevangelium ihn so dar: Er will die schwangere Maria nicht bloßstellen, er hört auf seine Träume, die wohl eher Eingebungen sind, denn der griechische Text sagt von den Visionen, Josef habe sie *kat'ónar* – wie im Traum – erlebt. Aber er folgt seiner Intuition entschlossen und selbstsicher. Besonders ist schließlich, dass Josef der Bibel zufolge aus dem Haus Davids stammt. Das ist wichtig für die Legitimation seines Sohnes: Jesus konnte so als Messias anerkannt werden [→ Der Messias, s. S. 92-93].

Josef hat sein Leben vermutlich vorwiegend in Nazareth verbracht. Zur Zeit Jesu war das ein kleines, ziemlich unbedeutendes Dorf, eine unscheinbare Ansammlung von Häusern auf einer Anhöhe, die in keiner antiken Quelle erwähnt wird. Vermutlich lebten dort zwei bis drei Familienclans, schätzungsweise 200 bis 300 Menschen, die Viehzucht und auf terrassenartig angelegten Feldern Landwirtschaft betrieben [→ Bethlehem, s. S. 56-57].

Etwa 8 km nördlich von Nazareth lag aber die Stadt Sepphoris, die damals ca. 15.000 Einwohner gezählt haben dürfte. Sepphoris kommt weder im Alten Testament noch im Talmud vor und wird auch in den Evangelien nicht erwähnt. Möglicherweise ist die Stadt aber für das Leben von Josef und seinem Ziehsohn doch von großer Bedeutung. Schließlich war Nazareth eine Art Vorort von Sepphoris und es ist sehr wahrscheinlich, dass der junge Jesus mit seinem Vater ziemlich oft und auch für längere Zeit in der Stadt gewesen ist.

Sepphoris erhielt erstmals um ca. 100 v. Chr. eine Befestigungsmauer und wurde 50 Jahre später sogar römischer Verwaltungssitz. Nach dem Tod von König Herodes dem Großen um das Jahr 4. v. Chr. kam es zu einer Revolte gegen die römische Obrigkeit, weshalb Publius Quinctilius Varus, der damalige Gouverneur der römischen Provinz Syrien – und der, der etwa 13 Jahre später im Teutoburger Wald eins auf die Mütze bekam! –, die Stadt dem Erdboden gleichmachen ließ. Herodes Antipas, ein Sohn von Herodes dem Großen, erhielt ein paar Jahre nach der Zerstörung die Erlaubnis, die Stadt neu aufzubauen. Da Antipas seine Ausbildung in Rom absolviert hatte und von der dortigen Baukunst geprägt war, ließ er Sepphoris als römisch-hellenistische Stadt wiedererrichten.

So entstand eine mit gebrochenen Marmorsteinen ausgelegte Prunkstraße mit Säulenhalle, auf deren gepflastertem Boden man übrigens noch heute die Spurrillen erkennen kann, die antike Karren hinterließen. Es gab in Sepphoris ein Theater für 5.000 Menschen, eine öffentliche Therme und eine Basilika, also ein großes überdachtes Gebäude für Volks- und Gerichtsversammlungen, deren Boden mit Mosaiken verziert war. Die – wie man sich leicht vorstellen kann – sehr umfangreichen Arbeiten für den Neubau der Stadt dürften um das Jahr 10 n. Chr. begonnen und knapp zehn Jahre gedauert haben. Bei diesem gewaltigen Bauprojekt haben mit Sicherheit die Bewohner der umliegenden Dörfer mitgeholfen. Vor allem wurden natürlich Handwerker und Fachkräfte gebraucht.

Und hier kommen Josef und sein Sohn wieder ins Spiel. Der Bibel zufolge soll Josef dem Beruf des *téktón* nachgegangen sein. Dieses griechische Wort wird heute meist mit »Zimmermann« übersetzt, meint aber etwas anderes. Josef hat nicht nur Dachstühle oder Inneneinrichtung gebaut. Ein *tékton* war vielmehr ein »Bauhandwerker«, so eine Art fliesenlegender Maurer mit Trockenbautalent und einem Händchen für Holzkonstruktion.

Dass aus dem Allrounder der Facharbeiter für Holzgewerke wurde, hat – wie so oft – mit einer ungenauen Übersetzung zu tun. Im 4. Jahrhundert n. Chr. nämlich machte ein gewisser Hieronymus, der die ursprünglich auf Griechisch verfassten Evangelien ins Lateinische übersetzte, aus dem griechischen *tékton* einen lateinischen *faber. Faber* ist eine recht allgemeine Bezeichnung für einen Handwerker, der sich mit Steinen, Marmor, Mörtel, Zement, Holz und auch mit Metallbearbeitung auskennt. Ein solcher Handwerker kann Bögen und Gewölbe bauen, Säulen und Pfeiler in die Höhe ziehen, Häuser errichten, und vieles mehr. Diese Übertragung ist also noch recht nahe am ursprünglichen *tékton*.

Als dann das klassische Latein sich in West- und Südeuropa immer mehr zu den jeweiligen Landessprachen weiterentwickelte, veränderte sich – vor allem in Italien – die Bedeutung des Wortes *faber.* Josef wurde vom *faber* zum *fabbro,* zu einem Schmied. Das hatte für die christlichen Missionare einen praktischen Nebeneffekt: Sie wollten ja Menschen, die an die römisch-griechischen Götter glaubten, davon überzeugen, dass Jesus Sohn Gottes sei. Weil aber der römische Schmiedegott Vulkan als Sohn des höchsten Gottes Jupiter galt, konnte man Jesus, den vermeintlichen Schmied und Sohn Gottes, gut mit Vulkan vergleichen. Die Folge davon war, dass Josef und Jesus fast 1000 Jahre lang für Schmiede gehalten wurden.

Erst gegen Ende des 13. Jahrhundert n. Chr. setzte sich der möglicherweise größte Theologe der Kirchengeschichte, Thomas von Aquin, mit den Schriften des Johannes auseinander, einem ehemaligen Patriarchen von Konstantinopel aus dem 4. Jahrhundert, der wegen seiner feurigen und überzeugenden Predigten den Beinamen Chrysostomos – also »Goldmund« – trug. Thomas war einigermaßen entsetzt, als er las, dass Johannes Chrysostomos Josef für einen »Holzhandwerker« und nicht für einen Schmied gehalten hatte. Thomas selbst unterrichtete damals gerade an der Sorbonne, der 1200 n. Chr. gegründeten Universität von Paris, und teilte dort im Wintersemester 1269/70 seinen verblüfften Theologiestudenten mit, dass man sich beim Beruf von Josef offensichtlich geirrt hatte: Er sei kein Schmied, sondern Holzhandwerker, Zimmermann eben. Die Meinung des berühmten – und später sogar heiliggesprochenen – Thomas von Aquin setzte sich in der Folge so schnell durch, das die Erinnerung an Josef als Schmied rasch in Vergessenheit geriet.

Wie auch immer: Bauhandwerker wie Josef brauchte man in Sepphoris, aber auch bei anderen Bauprojekten, die Herodes Antipas in Galiläa und Umgebung veranlasst hatte. In den angrenzenden Gebieten von Ituräa und Trachonitis begann später auch Herodes Philippos ein Bauprogramm, und selbst die angrenzenden syrisch-hellenistischen Städte – Dekapolis genannt – dürften als potenzielle Arbeitsorte für den Handwerker oder gar Kleinunternehmer Josef attraktiv gewesen sein. Die Arbeit bedeutete auch, dass Josef viel unterwegs war, und sehr wahrscheinlich hat er Jesus – zumindest als er ihn für alt genug hielt, einen Beruf zu erlernen – auf diese »Dienstreisen« mitgenommen. Als Sepphoris neu errichtet wurde, war Jesus zwischen 15 und 20 Jahre alt. Wir dürfen uns vorstellen, dass er zusammen mit seinem Vater auf den Baustellen arbeitete. Mit Josef zusammen lernte der Junge vom Dorf die Stadtluft kennen, die »große Welt«. Mit Josef besprach er seine Eindrücke und Josef half dem Heranwachsenden, sich in der Welt zwischen jüdischer Tradition und hellenistischer Kultur einigermaßen zurechtzufinden. Josef war für Jesus der Vater, der ihn geprägt und in seinem theologischen Reden von Gott als Vater inspiriert hat. Insofern sollte man Josef vielleicht doch etwas näher an die Krippe rücken, als es gewöhnlich der Fall ist.

9.

Die Futterkrippe in der Höhle

oder:
Wo ist Jesus geboren?

Eine Krippe – kunstvoll gestaltet mit zierlichen Holzfigürchen oder eher rustikal arrangiert mit dem, was das Playmobilsortiment so hergibt – ist heute ein selbstverständlicher Bestandteil weihnachtlichen Wohnzimmerschmucks. Auch das Krippenspiel, bei dem als Hirten, als Engel und manchmal auch als Schafe verkleidete Kinder mehr oder weniger unbeholfen die immer gleichen Texte aufsagen, ist fixer Bestandteil der Liturgie des Heiligen Abends. Beide Bräuche sollen daran erinnern, wie es damals war, als Jesus geboren wurde. Und beide Bräuche versagen dabei; denn sie gehen auf jemanden zurück, der zwar ein wirklich netter Kerl, aber bei der Geburt Jesu definitiv nicht dabei war.

Im Jahr 1223 wurden in Greccio, einem kleinen Dorf in Mittelitalien, zum ersten Mal die Geschehnisse um die Geburt Jesu mit echten Menschen dargestellt. Das Jesuskind ließ man damals in einem bescheidenen Stall auf die Welt kommen. Maria und Josef hatten nach einem Platz in einer Herberge in Bethlehem gesucht, wurden aber abgewiesen. Am Ende blieb nur ein Stall als Unterkunft. Ein Stall mit Tieren, die das Kind wärmten, und arme Hirten, die das Neugeborene besuchten. Die Botschaft dahinter war eindeutig: Jesus, der Retter der Welt, wurde einsam und arm in einem Stall geboren. In den Herbergen der Reichen gab es für ihn und seine Mutter keinen Platz; nur die Armen besaßen die Freiheit, ihn zu erkennen und aufzunehmen. Genauso nämlich sah der Mann, der der Erfinder der ersten Weihnachtskrippe war, die Welt: Franz von Assisi. Armut, Demut und eine ganz besondere Aufmerksamkeit für die einfachen Menschen sind die Merkmale der Spiritualität dieses Sohnes aus reichem Hause, das er eines

Tages buchstäblich nackt verlässt, um sich fortan ganz der Nachfolge Jesu zu widmen. Später setzt er noch eins drauf und lässt auch die drei Könige auftauchen, Sinnbild für all jene, die das Jesuskind annehmen (wollen). Diese drei Könige aber kommen aus einem fernen Land, um das Neugeborene anzubeten und nicht aus der Gegend. Die Symbolik dieses rührenden Weihnachtsdramas war so überzeugend, dass man sie bis heute beibehalten hat.

Allerdings hat man dabei vergessen, ein paar naheliegende Fragen zu stellen: Warum hat niemand Josef und Maria Hilfe angeboten? Wie lange musste die Familie im Stall aushalten? Hat der Zimmermann Josef sein handwerkliches Können genutzt, um den Stall in eine Art Wohnung für Mutter und Kind zu verwandeln? War er bei der Geburt Jesu dabei? Nicht zuletzt: Wo waren die anderen Mitglieder von Josefs Familie, der doch immerhin aus Bethlehem stammte? Hätten die Verwandten die beiden nicht aufnehmen können, ja, müssen? Und wenn die das nicht wollten: Warum bringen die Hirten die Heilige Familie nicht an einen besseren Ort, wie es die orientalische Gastfreundschaft verlangt hätte? [→ Hirten und Engel, s. S. 107-109]. Und schließlich: Da seit dem 2. Jahrhundert als Geburtsort Jesu eine Höhle angenommen wird, warum verlegt Franz die Geburt jetzt in einen Stall?

Fragen über Fragen also, die der heilige Franz in seinem frommen Eifer nicht stellte, die uns heute aber nicht ganz unwichtig erscheinen, wenn wir wissen wollen, wie es denn nun wirklich gewesen ist. Schauen wir uns darum die einzigen Quellen, die wir zu diesem Ereignis haben, näher an. Es sind das die Texte der Evangelien.

Bedauerlicherweise sind jedoch die beiden Evangelien, die etwas über Geburt und Kindheit Jesu erzählen, auch nicht gerade hilfreich. Sie sind uneinheitlich und das Matthäusevangelium ist, streng genommen, nicht wirklich relevant. Denn darin wird nur vom Besuch der Weisen aus dem Orient berichtet. Als diese bei der Heiligen Familie auftauchen, ist das Jesuskind möglicherweise aber bereits zwei Jahre alt. Denn Herodes lässt, dem Matthäusevangelium zufolge, alle Kinder in diesem Alter töten, als die Weisen von dem neuen König erzählen, und außerdem wohnt das Jesuskind zu diesem Zeitpunkt bereits in einem Haus [→ Die Heiligen drei Könige, s. S. 128].

Im Lukasevangelium dagegen bettet Maria das Kind nach der Geburt in eine Futterkrippe. Dass diese in einem Stall stehen muss, stimmt für das Judäa um die Zeitenwende aber nur eingeschränkt. Denn judäische Hirten verwendeten – was angesichts der Topografie der Gegend naheliegend ist – auch natürliche Höhlen als Stallungen für Ziegen und Schafe und stellten folglich dort Futterkrippen auf. Die Tiere wurden in der Nacht bisweilen aber sogar in Wohnhäusern untergebracht. Dort waren sie vor Diebstahl sicher und wärmten die Menschen während der kalten Monate. Manche dieser Wohnhäuser waren so gebaut, das man Höhlen als natürliche Unterstände bzw. Erweiterung des Gebäudes in sie mit einbezog. Die Geburtsgrotte, die wir heute in der Basilika von Bethlehem besichtigen können, zeigt genau eine solche Architektur: Um die Höhle herum sind Reste von Wohnhäusern zu erkennen.

Warum das so ist, wird klar, wenn man sich die Geschichte dieses Ortes vor Augen führt. Justinus (um

150), Origenes (um 200), Hieronymus (um 400) und viele andere Autoren der frühen Kirche waren ganz entschieden der Meinung, Jesus sei in einer Höhle auf die Welt gekommen. Sie wussten nicht nur, wie selbstverständlich die Benutzung von Höhlen zu Wohnzwecken damals war. Sie lehnten sich mit ihrer Vorstellung auch stark an Erzählungen von der Geburt des orientalischen Gottes Mithra an, der ebenfalls in einer Höhle auf die Welt gekommen sein soll und dessen Kult in der Antike sehr populär war.

Als sich irgendwann in der ersten Hälfte des 4. Jahrhunderts schließlich Helena, die Mutter Konstantins, in Bethlehem auf die Suche nach dem Geburtsort des Heilands machte, fand sie – wenig überraschend – genau die Höhle, in der der Erlöser zur Welt gekommen war, und ließ darauf eine Basilika errichten. Bei der Decke der Krypta handelt es sich tatsächlich um einen Felsen, der ursprünglich die Decke einer natürlichen Höhle bildete [→ Bethlehem, s. S. 56-57].

Wie überzeugt man war, damit den richtigen Ort gefunden zu haben, wurde nicht zuletzt durch den Versuch der Römer belegt, am Beginn des 2. Jahrhunderts n. Chr. die als frühchristlicher Versammlungsort verwendete Höhle mit dem Bau eines Tempel zu Ehren des orientalischen Hirtengottes Tamuz zu entweihen, der u.a. auch der Geliebte der Venus gewesen sein soll.

Grotte oder Stall also? Die Frage scheint unlösbar. Das apokryphe Evangelium des Pseudo-Matthäus, eine christliche Schrift aus dem 7. Jahrhundert, versucht, das Problem diplomatisch zu lösen: Die ersten drei Tage seines irdischen Lebens bleibt Jesus demnach in einer Höhle, dann verbringt er drei Tage in einem Stall.

Historisch ist die Darstellung natürlich nicht [→ Ochs und Esel, s. S. 98-102]. Abgesehen davon, dass Jesus nach heutigen Erkenntnissen nicht in Bethlehem geboren worden sein dürfte, bietet eine sorgfältige Analyse des Textes des Lukasevangeliums auch sonst ein anderes Bild, als in der Volksfrömmigkeit überliefert [→ Bethlehem, s. S. 56-62]. Die Erzählung beginnt bei Lukas damit, dass Maria und Josef keinen Platz in der »Herberge« finden und sich auf die Suche nach einer anderen Bleibe machen müssen. Das ist allerdings mehr als befremdlich, denn niemand – so darf man unter Berufung auf die orientalische Gastfreundschaft annehmen – hätte damals einer hochschwangeren Frau den Unterschlupf in einer Herberge verwehrt. Im Gegenteil, man hätte sich bemüht, auf jede erdenkliche Weise behilflich zu sein. Vielleicht aber wollte das Ehepaar – das wäre eine erste mögliche Interpretation – auch gar nicht in einer schmutzigen, verrauchten, nach Fett und Schweiß stinkenden, überfüllten und nicht selten von Prostituierten mit ihren Kunden frequentierten Gaststätte nächtigen, denn so sahen die meisten Herbergen damals aus.

Eine viel wahrscheinlichere Erklärung erhält man allerdings, wenn man sich bewusstmacht, dass sich Maria und Josef – laut Lukasevangelium – schon seit einiger Zeit in Bethlehem aufgehalten hatten, als bei Maria die Wehen einsetzten. Wegen der Volkszählung war das kleine Dorf gewiss überfüllt [→ Steuern und eine Reise, s. S. 40-46]. Eine Pension oder eine Herberge im heutigen Sinn gab es damals nur in den großen Städten oder in der Nähe von wichtigen Verbindungsstraßen. Beides trifft auf Bethlehem sicher nicht zu. Bethlehem war ein

Dorf und es lag keine große, von Kaufleuten, Soldaten oder Karawanen frequentierte Straße in der Nähe. Maria und Josef dürften also ziemlich sicher bei Verwandten Unterschlupf gefunden haben. Das macht die Erzählung zunächst noch brisanter: Waren also die eigenen Verwandten so unmenschlich, dass sie die unmittelbar vor der Geburt stehende Maria vor die Tür setzten, sodass ihr nur ein Platz im Stall übrig blieb? Wohl kaum.

Die Lösung des Problems kann einmal mehr in einer (mehr oder weniger gewollten) ungenauen Übersetzung gefunden werden. Denn das griechische Wort, das im Lukasevangelium gebraucht wird und das Luther als Erster mit »Herberge« wiedergegeben hat, ist *katályma*. Dieser Begriff wird häufig für »Gästezimmer« gebraucht bzw. für einen Raum in einem Privathaus, der vermietet werden kann. Als Jesus beispielsweise mit seinen Jüngern das letzte Abendmahl feiern will, sucht er sich als Ort ebenfalls eine *katályma* aus. Der barmherzige Samariter dagegen bringt den verletzten Fremden zu einem *pandokeîon*. Das nämlich ist das »richtige« griechische Wort für »Herberge«.

Das Lukasevangelium erzählt also nichts anderes, als dass es zu dem Zeitpunkt, als bei Maria die Wehen einsetzten, im Gästezimmer nicht genügend Platz für eine Geburt gab. Das ist wenig überraschend. Die meisten einfachen Häuser auf dem Land bestanden damals aus zwei Räumen und einem kleinen Hof. Ein Raum war als Wohnbereich gedacht, wobei ein Teil ein wenig erhöht und mit einem Holzboden ausgestattet war, ein anderer Teil wurde dagegen für die Tiere benutzt und lag beim Eingang, wo gewöhnlich auch eine Futterkrippe aufgestellt bzw. an der Hauswand befestigt war. Tagsüber waren die Tiere draußen und der Boden dieses Teils im Haus wurde gereinigt. In diesem Raum war auch die Feuerstelle, wo gekocht und Wasser erwärmt werden konnte, sowie ein im Boden eingegrabener Getreidespeicher. In diesem Raum spielte sich das eigentliche Leben des Hauses ab. Dort lagen auch die Schlafplätze der Familienmitglieder, wenn man nicht – vor allem im Sommer – auf dem Dach unter freiem Himmel schlief. Der zweite, kleinere Raum des Hauses – die *katályma* – dagegen war für Gäste da, wurde aber auch als Abstellkammer genutzt.

Das Lukasevangelium erzählt nun ganz klar: »Es gab keinen Platz in der *katályma*.« Für uns heißt das: Als bei Maria die Wehen einsetzen, wird sie vom engen und möglicherweise überfüllten Gästezimmer ins größere Wohnzimmer gebracht. Die Männer mussten dieses verlassen und die Frauen halfen bei der Geburt. Mehr erzählen die Evangelien darüber nicht, eben weil nichts Besonderes und Geheimnisvolles passiert ist, sondern sich in diesem kleinen Bauernhaus in den judäischen Bergen de facto eine ganz gewöhnliche Geburt zugetragen hat: Man brachte die gebärende Frau von der engen *katályma* in den größeren und besser ausgestatteten Hauptraum. Die übrigen Frauen waren mit frischen Tüchern, warmem Wasser und helfenden Händen zugegen. Die Geburt verlief ohne besondere Vorkommnisse, das Kind wurde eingewickelt und am sichersten Platz des Vorraumes untergebracht, nämlich in der erhöhten, möglicherweise in der Hauswand eingebauten Futterkrippe, die mit weichem, wärmendem Heu gepolstert war. Die Tiere hatte man zuvor selbstverständlich hinausgebracht.

Die Geburt eines Kindes war damals wie heute ein freudiges Ereignis. Die Männer warteten gespannt abseits, stärkten sich vielleicht mit einem Becher Wein und sprachen dem werdenden Vater Mut zu. Die Frauen bemühten sich, der werdenden Mutter so gut wie möglich zu helfen. Bei Maria, Josef und Jesus war es damals mit großer Wahrscheinlichkeit genauso. Ansonsten hätten die Evangelien mit Sicherheit von dem berichtet, was als von der Norm abweichend empfunden wurde. Jede andere Rekonstruktion der Ereignisse ist nicht nur realitätsfremd, sie verkennt auch die gut dokumentierte Gastfreundschaft des alten Orients. Für die Menschen damals war es eine Sache der Ehre, dem Gast die besten Bedingungen anzubieten. Im Fall einer Gebärenden stand dabei letztlich das Ansehen des gesamten Dorfes auf dem Spiel. Außerdem gilt zu bedenken, dass die Hirten, hätten sie Maria und das Kind in einem stinkenden Stall angetroffen, sie gewiss in eine bessere Unterkunft gebracht und ihren Frauen den Auftrag gegeben hätten, sich um das Neugeborene zu kümmern. Die Hirten unternahmen jedoch nichts in diese Richtung, wahrscheinlich weil sich Maria und das Kind bereits in einer angemessenen Unterkunft befanden und bestens versorgt waren [→ Hirten und Engel, s. S. 109].

Erst die spätere Deutung der Erzählung hat dann weitere Elemente eingefügt: Kälte, Ablehnung, Stall, Einsamkeit usw. Diese sind vor allem der theologischen Auswertung der Geschichte geschuldet und haben mit der Botschaft zu tun, die man gerne vermitteln wollte: Jesus ist in der Welt nicht willkommen, er ist arm und muss von Beginn an leiden. Auch darf das Geheimnis seiner Menschwerdung nichts Banales an sich haben, nicht für jeden zugänglich sein. Nur die Mutter Gottes ist dabei (bzw. muss naturgemäß dabei sein).

Das alles ist aber theologische Fiktion. Die Beschreibung des Lukasevangeliums hingegen ist historisch glaubwürdig, sozialgeschichtlich authentisch und kulturell nachvollziehbar. Jesus wurde weder einsam in einer Höhle noch in einem Stall geboren, nachdem seine Mutter von bösen Wirtsleuten auf die Straße verwiesen worden ist, sondern behütet und von der Dorfgemeinschaft freudig und umsorgt in einem gewöhnlichen judäischen Haushalt.

10.
Der Messias

oder:
Auf die Windel kommt es
(nicht) an!

Licinia Eudoxia war die Tochter des oströmischen Kaisers Theodosius II. und lebte im 5. Jahrhundert. Ihr abenteuerliches Leben hatte schon früh einen festlichen Höhepunkt: Im zarten Alter von zwei Jahren wurde sie mit ihrem Großcousin verlobt. Der künftige Gatte Valentinian III. war zu diesem Zeitpunkt gerade einmal fünf Jahre alt, stand allerdings schon recht weit oben auf der Karriereleiter: Er war Kaiser des Weströmischen Reiches. 437 – Licinia war unterdessen 15 Jahre alt – heirateten die beiden tatsächlich. Licinia war jetzt Kaiserin und die beiden waren ziemlich glücklich und zufrieden – bis ans Lebensende des Kaisers, das ihn im Jahr 455 in Form eines Attentats ereilte. Für die Kaiserin wurde es jetzt ungemütlich: Sie wurde zu mehreren Eheschließungen in Folge gezwungen, damit ihre jeweiligen Männer als Kaiser legitimiert werden konnten, wurde zeitweilig als prominente Geisel in Nordafrika festgehalten, konnte dann aber freigekauft werden und beschloss ihr Leben 69 Jahre nach ihrer Verlobung an dem Ort, an dem sie auch geboren worden war – im Kaiserpalast in Konstantinopel.

Dort hatte sie im Jahr 445, als sie einmal im Elternhaus zu Besuch gewesen war, unter weniger abenteuerlichen Umständen einem Geistlichen, der gerade von Jerusalem zurückgekehrt war, ein etwa eineinhalb Meter langes und 70 Zentimeter breites, grob gewalktes Stück Stoff aus Schafwolle abgekauft. Das ziemlich bräunliche Tuch sei – so versicherte man ihr – original die Windel, in die Maria das neugeborene Jesuskind gewickelt hatte. Das rechtfertigte natürlich die zahlreichen goldenen Solidi – so hieß die Währung damals im Oströmischen Reich –, welche die Kaiserin für das kratzige

Ding hinlegen musste und um das sich in der Folge das Christentum nur so riss. Alle wollten etwas abhaben von der »Pampers« des Herrn und folglich wurde das Tuch wohl in Stücke geteilt: Einen Fetzen davon erhielt Karl der Große – es wird heute noch im Aachener Dom aufbewahrt –, ein Stück ging nach Rom zum Papst und liegt seitdem in einer goldenen Schatulle in der Kirche Santa Maria Maggiore. Weitere Stücke der seltsamen Reliquie sind in Spoleto in Mittelitalien, in Barcelona und auch in der Kathedrale von Lérida (Spanien) zu finden. An diesen letztgenannten Orten werden den Windelresten sogar Wunderkräfte zugeschrieben, vor allem in Zusammenhang mit schwierigen Geburten.

Diese Form der Reliquienverehrung wirkt auf heutige Menschen natürlich etwas eigenartig. Aber die meisten von uns sind doch sicher, dass in der Bibel von einer »Windel« berichtet wird, in die das Kind nach der Geburt eingewickelt worden sei. Ja, mehr noch: Die Windel ist sozusagen das Erkennungszeichen des Messias. Schließlich weisen die Engel die Hirten ausdrücklich darauf hin, dass sie den Messias in eine Windel gewickelt vorfinden werden[→ Hirten und Engel, s. S. 105-109]. Was hat es damit aber auf sich? Sehen wir uns also den biblischen Text näher an.

Die einzige Stelle, an der von einem Einwickeln des Kindes berichtet wird, stammt aus dem Lukasevangelium. Von »Windeln« oder einer »Windel« ist allerdings nirgends die Rede, vielmehr geht es um ein Verb: Das griechische *sparganóo*, heißt auf Deutsch *einwickeln*. Die Hirten würden also ein eingewickeltes Kind vorfinden – die Windel haben Übersetzer dann später hinzugefügt, um die Sache ganz klar zu machen.

Allerdings hat die Sache mit der Windel noch einen viel größeren Haken: Dass Frauen ihre Kinder daheim gebären, war damals üblich. Dass sie ihre Kinder dann in eine Krippe legen (könnten), stellt auch kein Problem dar, ebenso wenig wie anzunehmen, dass diese Kinder in irgendwelchen Stoffstücken eingewickelt wurden. Aber dass jüdisch sozialisierte Hirten den Engeln abgekauft haben sollen, ihr Messias sei als in Windeln gewickeltes Baby in einer Krippe anzutreffen, ist in der damaligen Zeit nicht wirklich zu erwarten. Denn nicht nur die Reichen und Adeligen, wie König Herodes oder die Priester am Jerusalemer Tempel, auch die einfachen Menschen wussten eines ganz genau: Der Messias wird das Volk von den mächtigen Eroberern, den Römern, befreien. Er wird für Gerechtigkeit sorgen und er wird das Reich Israel wiederherstellen [→ Die Römer, s. S. 49]. Er wird auf dem Schlachtfeld triumphieren und im Tempel seinen priesterlichen Dienst verrichten. Ein in einer Krippe liegendes, eingewickeltes Kind kam in einer solchen jahrhundertealten Messias-Tradition nicht vor, und die Hirten hätten die Engel eher für schief gewickelt gehalten, als nach Bethlehem loszulaufen.

Es waren erst die Christen, die viel später die messianische Erwartung mit der Gestalt des Jesus von Nazareth verknüpften. Auch wenn Jesus selbst diese Rolle mit keinem Wort für sich beansprucht hat, ist das Bekenntnis zu ihm als Messias – auf Griechisch »Christos«, was so viel bedeutet wie »der Gesalbte«, also »der Auserwählte« – Bestandteil der frühchristlichen Verkündigung. Es ist daher nicht verwunderlich, dass die frühchristlichen Autoren versuchten, das Messias-Sein Jesu schon in der Erzählung von seiner Geburt programmatisch sichtbar zu machen. Während es also für gläubige Christen klar war, dass es sich bei Jesus um den Messias handelte, war diese Identifikation in der Zeit, als er auf die Welt kam, alles andere als eindeutig. Welche Rolle spielt dann also dabei die Vorstellung von einem in Windeln gewickelten Baby-Messias in der Krippe?

Zunächst einmal ist festzuhalten, dass schon der Name des Kindes programmatisch ist. Denn Jesus ist die griechische Variante des aramäischen Namens *Jeschu* oder *Jeschua*, eine Verniedlichung von *Jehoschuha*, was »Gott ist Rettung« bedeutet. Im antiken Judentum war der Name sehr beliebt und daher weit verbreitet. Die Rettung, die von Gott kommen sollte, war innerhalb der jüdischen Gesellschaft der ersten zwei bzw. drei Jahrhunderte vor Christus klar mit der Figur des Messias verbunden, also mit einer Gestalt göttlichen Ursprungs, die sowohl auf politischer als auch auf religiöser und sozialer Ebene die goldenen Zeiten, als David noch König war, zurückbringen sollte.

Allerdings tauchen schon hier ein paar Fragezeichen auf. Denn es gab zur Zeit von Jesu Geburt – wie sowohl biblische als auch die außerbiblischen Quellen zeigen – eine ganze Reihe von Führergestalten, die für sich beanspruchten, der Messias oder zumindest ein Prophet zu sein. Das zweite Fragezeichen erscheint, wenn man sich bewusst macht, dass unter Kaiser Augustus im gesamten Römischen Reich die *Pax Romana* (der Römische Frieden) herrschte, die auch der Nachfolger des Augustus, nämlich Tiberius zu wahren wusste [→ Die Römer, s. S. 49-50]. Der römische Historiker Tacitus schrieb über ihn: »*sub Tiberio quies*« (auf Deutsch:

»Unter Tiberius herrschte Ruhe«). Von Jesus wissen wir aber, dass er zur Zeit des Augustus geboren und während der Herrschaft des Tiberius getötet wurde, d.h. er musste keinen Frieden bringen, denn Friede herrschte bereits. Allerdings: Das römische Verständnis von Frieden unterschied sich deutlich vom jüdischen. Der von den Römern besiegte Calcacus, Fürst der Britannier, beschrieb es, Tacitus zufolge, folgendermaßen: »*Ubi solitudinem faciunt, pacem appellant*« (»Wo sie eine Wüste schaffen, nennen sie es Frieden«). Die *Pax Romana* fühlte sich für die besiegten Völker eher an wie ein Friedhofsfriede.

Und die Friedhöfe füllten die Römer in den Regionen, wo Jesus gewirkt hatte, wenige Jahrzehnte nach seinem Auftreten sehr fleißig. In den Jahren 66-70 und 135-136 n. Chr. wurden zwei Revolten der Juden grausam niedergeschlagen. Nach der ersten waren Jerusalem und der Tempel zerstört, nach der zweiten wurde das Land, in dem die Juden lebten, in Palästina umbenannt und an Stelle Jerusalems die römische Kolonie *Aelia Capitolina* zur Hauptstadt der Provinz ausgebaut.

Was wir in der Zeit, in der die Weihnachtsgeschichte aufgeschrieben wurde, vorfinden, ist also einerseits eine brutale Unterdrückung der Menschen in Judäa und Galiläa und andererseits eine in weiten Teilen der Bevölkerung verbreitete, ebenso alte wie diffuse Erwartung des Messias. Vor allem die ärmere ländliche Bevölkerung folgte immer wieder auch verschiedenen prophetischen Gestalten, in die sie ihre Hoffnung auf eine bessere Zukunft setzten. Aus den Schriften des Flavius Josephus sind uns mehrere solche Anführer namentlich bekannt. Sie zogen in der Regel durch die Wüste, rekrutierten dort Anhänger, bekämpften die römischen Besetzer und wollten mithilfe von Gottes wunderbarem Eingreifen das gelobte Land zurückerobern. Einer von ihnen, Simon Bar Kochba, führte den zweiten jüdischen Aufstand (132-135 n. Chr.) an. Als politisch engagierte, kämpferische Messiasgestalten bekannt geworden sind außerdem Menachem, Theudas, Judas der Galiläer und Simon Bar Giora. Ihre Beliebtheit im Volk nützte ihnen aber nicht viel: Sie wurden allesamt von den Römern gefangen genommen und hingerichtet.

Dem tiefverwurzelten Messiasglauben der einfachen Menschen, wie ihn etwa die Handschriften von Qumran bezeugen, tat dies aber keinen Abbruch. So erwartete man im 1. Jahrhundert v. Chr. einen Messias, der sowohl eine prophetische als auch eine priesterliche und sogar eine königliche Rolle einnehmen sollte. Das konnte eine einzige Person sein oder aber drei verschiedene Gestalten. Der Messias oder die Messiasse sind dabei fast immer die Gewinner – so zumindest die (Wunsch-)Vorstellung. Ebenso belegt, aber deutlich weniger verbreitet ist auch die jüdische Tradition des leidenden Messias, eine Vorstellung, die später für Jesus wichtig werden sollte. Ganz gleich jedoch, wie man sich den Messias dachte, als Baby mit Windeln sicher nicht.

Gerade in diesem Kontext wird die Windel des Lukasevangeliums aber doch wieder wichtig. Zwar ist die Reliquie der Licinia Eudoxia natürlich eine Fälschung und auch die jüdischen Hirten dürfte die Erwähnung einer Windel kaum interessiert haben. Für die Adressaten des Lukasevangeliums, gebildete Hellenisten, von denen einige in Ägypten und einige in Rom gelebt haben dürften, war sie ein wichtiges Signal. Im ägyptischen Kulturraum war man es gewohnt, den Pharao als Gottessohn zu verehren. In Schriften über verschiedene Pharaonen liest man dann, schon der ganz kleine Gottessohn habe »bereits in Windeln gütig und weise regiert«. Und in Rom wurde Kaiser Domitian, der zwischen 81 und 96 n. Chr., also ungefähr in der Zeit, als das Lukasevangelium niedergeschrieben wurde, regierte, auf einem Obelisken dafür gepriesen, dass er das Königsamt bereits als Kleinkind »in Windeln« vorzüglich ausgeübt habe. Im biblischen Buch der Weisheit, einem griechischen Text aus dem hellenistischen Judentum, wird am Beginn des siebten Kapitels schließlich die Windel als Zeichen der Menschlichkeit des künftigen Königs genannt.

Wenn im Lukasevangelium nun gleich zweimal vom in Windeln gewickelten Kind die Rede ist, so möglicherweise als eine Anspielung auf die hellenistische Herrscherideologie, die die Leser*innen des Lukasevangeliums sofort erkannten. Diese aber waren von griechischer Kultur geprägte Menschen mit nur noch z.T. jüdischer Herkunft. Sie hatten die Messiaserwartung aufgenommen, aber für ihren Kulturraum passend gemacht. Hier konnte die Windel zum Signal werden, das in den Regionen um Jerusalem herum aber niemand verstanden hätte. Das kleine Jesuskind mag darum zwar von Maria in Windeln gewickelt worden sein, als Erkennungszeichen für seine messianische Rolle wurde das von seinen Zeitgenossen aber bestimmt nicht verstanden.

11.
Ochs und Esel

oder:
Wer war bei der Geburt dabei?

Im Neuen Testament kommen sehr viele Tiere vor. Die Schafe mit ihren Hirten spielen beispielsweise eine wichtige Rolle und die Sorglosigkeit der Vögel, die von Gott mit Nahrung versorgt werden, soll den Menschen ein Vorbild sein. Die Taube gilt als Liebesbotin oder gar als Verkörperung des Geistes Gottes. Von Bedeutung sind auch die Fische, denn die ersten Jünger waren Fischer, und als Jesus seinen triumphalen Einzug in Jerusalem plant, wählt er eine Eselin als Reittier. Schließlich wäre da noch das Kamel, das in dem nicht ganz einfach zu verstehenden Bild vom Nadelöhr zum Ausdruck bringen soll, dass es für Reiche schwierig ist, ins Himmelreich zu gelangen. Aber auch Hunde begegnen den Leser*innen in allen möglichen Facetten: ausgestoßene und verlassene Hunde, die ihr eigenes Erbrochenes fressen, treue Hunde, die die Wunden von Leprakranken lecken, und Haushunde, die mit Tischabfällen gefüttert werden. Noch nicht gezähmte Hunde, also Wölfe, sind als ständige Gefahr präsent. Sie bedrohen Schafe, Lämmer und sonstiges Kleinvieh. Haus- und Nutztiere dagegen erfahren höchste Wertschätzung. Sogar eine temporäre Aussetzung des Sabbatgebots wird in Kauf genommen, um ein in einen Brunnen gefallenes Tier zu retten oder ein dürstendes Tier zu tränken.

Obwohl also im Neuen Testament eine Vielzahl von Tieren vorkommt und drei Tiere – der Adler, der Löwe und der Stier – sogar die Ehre genießen, zu Symboltieren für die Evangelisten geworden zu sein, sucht man die zwei Vierbeiner, denen in jeder Krippe und in jedem Weihnachtsspiel eine wichtige Rolle zukommt, vergebens: Ochs und Esel. Denn tatsächlich treten die beiden felligen Gefährten des neugeborenen Jesuskindes weder im Matthäus- noch im Lukasevangelium auf. In der Erzählung nach Matthäus gibt es nicht einmal eine Futterkrippe, Jesus wird in einem Haus geboren, wo Nutztiere natürlich nichts verloren hatten [→ Die Futterkrippe in der Höhle, s. S. 82-87]. Woher also kommen Ochs und Esel, die wir heute so selbstverständlich vor Augen haben, wenn wir an die Geburt von Jesus Christus denken?

In den Evangelien werden sie nicht erwähnt und auch in den ersten Tagen des Christentums wurde die Weihnachtsgeschichte erzählt, ohne das liebenswerte Vierbeiner, die den kleinen Heiland mit ihrem Atem wärmen, darin auftreten. Ihre Karriere beginnt erst viel später, im Mittelalter, und sie geht auf keinen geringeren als Franz von Assisi zurück. Als dieser 1223 in einem kleinen umbrischen Dörfchen namens Greccio zum ersten Mal eine Weihnachtskrippe mit lebendigen Menschen und Tieren nachbauen ließ, war es für ihn nämlich selbstverständlich, dass eine Futterkrippe nur in einem Stall stehen konnte, in dem es auch Tiere gab [→ Die Futterkrippe in der Höhle, s. S. 80-81]. Eine Krippe ohne Tiere ist ja sinnlos. Ochs und Esel fanden somit offiziell Eingang in die Darstellung der Geburt Jesu. 1200 Jahre zuvor in Judäa war die Verbindung zwischen Futterkrippe und Stall noch nicht so eindeutig gewesen. Die Futterkrippe für die Tiere hätte ja auch neben oder gar im Haus bzw. in einer Höhle in der Nähe des Hauses gestanden haben können.

Der Heilige Franziskus interpretierte den Text der Weihnachtsgeschichte also einigermaßen frei, hat die tierischen Hauptdarsteller seiner Krippeninszenierung aber auch nicht frei erfunden. Denn die beiden Tiere sind schon in den ersten künstlerischen Darstellungen der Geburt Jesu zu finden. Bei Wandmalerei in den Katakomben dienen sie bereits in den ersten beiden Jahrhunderten des Frühchristentums als Identifikationsmerkmale für die Krippe Jesu. Und in einem berühmten Grabrelief aus dem 4. Jahrhundert in der Mailänder Kirche von Sant'Ambrogio haben sie sogar eine wichtigere Stellung als Maria und Josef, die keinen Platz neben der Krippe finden. Die einzige schriftliche Quelle aus der Antike aber, in der Ochs und Esel vorkommen, ist der lateinische Text des Protoevangeliums des Pseudo- Matthäus – also eines Autors, der Stil und Wortschatz des Matthäusevangeliums verwendet, ohne selbst Matthäus zu sein.

Es handelt sich dabei um eine christliche Erzählung aus dem 8. Jahrhundert n.Chr., die viel zu spät entstanden ist, als dass sie noch in die Bibel hätte aufgenommen werden können, und die offensichtlich einige Lücken der traditionellen kanonischen Erzählungen schließen wollte. In diesem Text ist allerdings nicht die Rede davon, dass Ochs und Esel Seite an Seite vor sich hindösen, während sie der Heiligen Familie im Stall Gesellschaft leisten. Vielmehr kommen sie erst am dritten Tag nach der Geburt »zu Besuch«, um das Kind zu ehren. Dieses sonderbare Verhalten der beiden Tiere wird von Pseudo-Matthäus mit zwei Zitaten aus dem Alten Testament untermauert. Das erste stammt aus dem Buch des Propheten Jesaja (40,3) und handelt davon, dass Tiere, konkret Ochs und Esel, Gott oftmals leichter erkennen als Menschen. Insofern ist der Verweis als Ermahnung zu verstehen, sich an diesen beiden

Tieren ein Beispiel zu nehmen. Und da Jesaja bereits im Kontext der Jungfrauengeburt als Autorität gehandelt wurde, war es nur naheliegend, ihn auch im Zusammenhang mit der Besetzung des Stalls von Bethlehem als solche zu nutzen [→ Maria, s. S. 68-69].

Das zweite Zitat stammt aus dem Buch des Propheten Habakuk (3,2). Allerdings übernimmt das lateinische Protoevangelium des Pseudo-Matthäus nicht den hebräischen Wortlaut, sondern eine falsche Version des griechischen Textes. Während es nämlich im Hebräischen darum ging, dass sich der Messias »in der Mitte von zwei Zeitaltern« offenbaren wird, entsteht durch den Sprachenwechsel eine ganz andere Bedeutung. Das Wort »Zeitalter« birgt auf Griechisch nämlich eine Gefahr. In der Form eines Genitiv-Plurals ist die Schreibweise sehr ähnlich wie die des Wortes »Tier«, die Aussprache – *zoon* – ist sogar beinahe identisch. Allein durch die Verschiebung eines Akzents und durch die Einfügung des kleinen Buchstabens »*iota*« unter dem ersten »o« können aus »zwei Zeitalter« »zwei Tiere« werden. Der ganze Satz wurde dann irrtümlicherweise so gelesen: »Er (also der Messias) hat sich zwischen zwei Tieren offenbart«. Diese zwei Tiere sind natürlich Ochs und Esel, die links und rechts von der Krippe stehen … Sehr viele Handschriften haben zwar die richtige Übersetzung – also »die zwei Zeitalter« ohne *iota* – übernommen, einige wenige aber nicht. Schuld war ein unaufmerksamer, übermüdeter, abgelenkter oder einfach nur ignoranter Kopist, der möglicherweise nicht einmal die Sprachen beherrschte, die er da abschrieb – was in der Spätantike oder im Mittelalter nicht selten war – und auf diese Weise entscheidend dazu beigetragen hat, dass das kleine Jesuskind die Gesellschaft von zwei Tieren bekam.

Die Volksfrömmigkeit erledigte dann den Rest. Ochs und Esel machten sich gut an der Seite der Heiligen Familie und so gehörten sie gemeinsam mit den Schafen und Hirten, den Kamelen und den drei Königen bald zum fixen Inventar der Weihnachtskrippe. Ein biblisches Zeugnis dafür gibt es nicht, auch wenn es natürlich nicht ausgeschlossen ist, dass, wenn Jesus denn wirklich in einem Stall geboren sein sollte, in diesem Stall neben Mäusen, Hühnern und Spinnen eben auch Ochs und Esel gelebt haben.

Mit dem Ochsen gibt es allerdings noch ein kleines Problem. Weil das jüdische Gesetz das Zerdrücken, Zerschlagen, Zerreißen oder gar das Ausschneiden der Hoden eines Tieres verbietet (Lev 22,24), gab es in Bethlehem, als Jesus geboren wurde, sehr wahrscheinlich keine Ochsen. Wenn überhaupt, lag das neugeborene Jesuskind in einer Futterkrippe neben einem friedlichen Stier oder einer Kuh.

12.

Hirten und Engel

oder:
Wie still und idyllisch war die Heilige Nacht?

Aus dem Lukasevangelium erfahren wir, dass das neugeborene Jesuskind als erstes von einigen Hirten besucht wird. Diese werden mitten in der Nacht von niemandem geringeren als dem Engel des Herrn zuerst in Angst und Schrecken versetzt und dann aufgefordert, sich mal nicht so aufzuregen, schließlich habe er eine tolle neue Nachricht, die er dann auch vorträgt, wobei im Hintergrund die himmlischen Heerscharen das Ganze lautstark untermalen, damit die Botschaft auch den richtigen Wumm bekommt.

Wenn man den Anfang der Weihnachtsgeschichte so erzählt, stellen sich im Kopf Bilder ein, die aus einem Hollywoodfilm stammen könnten. Schwarze Nacht, der Ruf eines Schakals, das stille Getrappel von Schafen im Hintergrund, ein kleines Lagerfeuer, darum ein paar Männer in murmelndem Gespräch. Dann, plötzlich größer werdende Helligkeit, eine Figur in gleißendem Licht, durchdringende Stimme, bombastische Filmmusik – und schließlich verdatterte Hirten, die sich etwas verstört auf den Weg machen …

Tatsächlich spielen die Autoren des Lukasevangeliums in dieser Szene mit Figuren, die in der Welt ihrer Zeit symbolisch hoch aufgeladen sind. Die, die das Evangelium lasen und hörten, verstanden diese Symbolik unmittelbar, und nachdem wir die Geschichte so oft gehört haben, meinen auch wir zu wissen, worum es dabei geht. Aber können wir uns wirklich sicher sein?

Engel galten und gelten zunächst einmal als Boten Gottes. Es ist nicht überraschend, dass diesen Mittlerwesen die Aufgabe zukommt, die Nachricht von der Geburt des Messias zu verbreiten. Überraschend ist aber, dass sie ihre Botschaft merkwürdigerweise nicht den vielen Menschen kundtun, die sich wegen der Volkszählung in der Umgebung von Bethlehem aufhalten, sondern einer Gruppe von Hirten, die auf freiem Feld bei ihren Ziegen und Schafen wachen. Wie die Engel ist auch die Figur des Hirten damals eine wichtige symbolische Gestalt und in der jüdischen Tradition durchweg positiv besetzt: Gute Herrscher werden als Hirten des Volkes bezeichnet, Gott selbst erfüllt als Hirte die gleiche Funktion.

Das Lukasevangelium nimmt dieses traditionelle Verständnis von Hirten und Engeln auf, führt es aber auf eine verblüffende und heute vergessene Weise weiter. Schauen wir zunächst auf unser Verständnis: Für uns heute sind Engel entweder mollig kindliche Figürchen, die zuhauf an den Decken und Säulen barocker Kirchen zur Füßen irgendwelcher Heiliger herumlümmeln. Oder aber wir sehen weißgekleidete junge Männer oder Frauen mit schimmerndem Blondhaar und flauschig-fedrigen Flügeln am Rücken, die mild lächelnd immer da und immer nah für den Schutz des ihnen anvertrauten Menschen sorgen. Hirten sind für uns einfache, naturverbundene Menschen, die in Gemeinschaft mit ihren Tieren ein friedvolles und beschauliches Leben führen, weit weg von den großen Städten und vom Stress des Alltags. Heimeligkeit, Frieden und Idylle also wohin man auch blickt.

In der Zeit der Entstehung des Lukasevangeliums dürften beide Symbolgestalten aber eine ziemlich andere Bedeutung gehabt haben. Rufen wir uns die Szenen der Weihnachtsgeschichte, in denen Engel vorkommen, ins Gedächtnis: Da sind die Engel, die mit Zacharias und Maria reden, dann wenden sich Engel an die Hirten. Die

Reaktion der Menschen, denen diese Engel begegnen, ist dabei immer identisch: Sie fürchten sich. Sie fürchten sich sogar sehr. Nun hätten ein gestandener Mann wie der alte Zacharias oder auch Gefahren und Entbehrungen gewohnte Hirten vor ein paar pausbäckigen Engelchen sicher nicht die geringste Angst gehabt. Und tatsächlich: Die altorientalisch-jüdische Tradition kannte ein ganz anderes Bild von Engeln. Engel waren Boten Gottes, zugleich aber auch Werkzeuge seiner Herrlichkeit. Als solche konnten sie Angreifer oder Gegner Gottes bekämpfen und – wenn nötig – töten. Engel konnten durch Reißen, Brennen, Stechen, Schlagen oder mithilfe von Schwertern, Bögen und anderen – bisweilen durchaus übernatürlichen – Waffen die Feinde Gottes attackieren und vernichten. Im Alten Orient wurden Engel dabei meist als Mischwesen gedacht, die die Eigenschaften von mehreren für den Menschen gefährlichen Tieren – wie z.B. Adler, Löwe, Stier – in sich vereinten. Statuen dieser übergroßen Wesen mit menschlichem Kopf und tierischen Gliedern wurden gerne bei den Toren einer Stadt oder am Thron des Königs aufgestellt. Sie sollten abschreckend und furchterregend zugleich wirken.

Später entwickelte sich die Vorstellung, dass Kohorten von Engeln das Heer Gottes bilden, das dieser jederzeit gegen seine Feinde und allgemein gegen die Kräfte der Finsternis einsetzen kann: die berühmten himmlischen Heerscharen. Dabei geht es zunächst nicht darum, die Feinde zu besiegen, sondern darum, sie durch das geschlossene Auftreten und die gezielte Inszenierung der eigenen Stärke zu beeindrucken und zu entmutigen. Häufig war nach einer solchen Machtdemonstration gar kein Kampf mehr notwendig.

Und genau darum geht es im Lukasevangelium im Zusammenhang mit der Geburt Jesu. Wenn man den Text in diesem Sinn versteht, beschreibt Lukas auf den Feldern rund um das Haus, in dem Jesus auf die Welt gekommen ist, keine »Stille Nacht, heilige Nacht« in der »alles schläft«. Da findet vielmehr eine himmlische Heerschau statt. Gott in seiner ganzen Herrlichkeit ist auf die Erde gekommen, Mensch geworden. Nachdem der Hauptengel wie ein Herold diese Botschaft herabgedonnert hat, tritt die gesamte Engelarmee Gottes – die himmlische Heerschar – auf den Plan. Die geflügelten Krieger halten vor den verwirrten und erschreckten Hirten gewissermaßen eine Militärparade ab und marschieren unmittelbar darauf in geschlossenen Reihen wieder in den Himmel hinauf. Ein gewaltiges, beeindruckendes Spektakel!

Warum aber sollen ausgerechnet die Hirten beeindruckt werden und nicht zum Beispiel König Herodes oder der römische Prokurator der syrischen Provinz oder vielleicht sogar der römische Kaiser Augustus selbst? Wir wissen es nicht genau. Aber wir finden vielleicht einen Anhaltspunkt für die Antwort auf unsere Frage, wenn wir uns noch etwas näher mit der Frage beschäftigen, was eigentlich symbolisch mitgesagt wird, wenn von Hirten die Rede ist. Was also wird über die Hirten berichtet?

In der Nacht, als Jesus geboren wird, liegen sie nicht einfach bei oder in ihren Zelten und schlafen so wie auch ihre Ziegen und Schafe. Nein, sie halten Wache. Das griechische Verb *phylásso,* das dabei verwendet wird, kann zwar »hüten, behüten« heißen; wenn es aber im Kontext von Krieg oder zumindest einem Konflikt auftaucht – also z.B., wenn Gottes Engelarmee sich am Himmel zeigt –, hat das Verb eine eher kriegerische Bedeutung im Sinn von »mit Waffen verteidigen«. So kann es auch ganz am Anfang des griechischen Alten Testaments verstanden werden. Das erste Mal kommt *phylásso* dort vor, als Gott dem Menschen die Schöpfung überlässt. Den Befehl, den er dabei ausspricht, hat man mehr als zwei Jahrtausende lang als »Macht euch die Erde untertan!« übersetzt. Heute dagegen versteht man den Satz (endlich) im Sinne eines verantwortungsvollen und nachhaltigen Umgangs mit der Schöpfung und zwar in der Bedeutung von: »Behütet die Umwelt!« Man könnte aber sogar noch weiter gehen und übersetzen: »Haltet Wache über die Erde!« – wenn nötig auch mit Gewalt. Das klingt fast wie ein Freibrief für moderne Öko-Kämpfer, ist aber tatsächlich die korrekte Wiedergabe von *phylásso*. Etwas später, nach dem Sündenfall, kommt wieder dasselbe Verb vor und zwar in dem Moment, als die Engel mit Feuerschwertern den Weg zum Baum des Lebens versperren. Auch hier hält jemand Wache – nämlich die Engel – und auch hier tragen die Wächter Waffen.

Aber sind die Hirten denn tatsächlich auch Krieger unter Waffen? Wir heute meinen, dass das nicht sein kann. Unser naturromantisches Vorurteil sieht den Hirten als einen friedlichen, armen Zeitgenossen, vielleicht etwas übelriechend, aber nett. In der Antike dagegen waren Hirten durchaus als gefürchtete Kämpfer bekannt. Im Kriegsfall, wenn aus den einfachen Bewohnern des Landes Truppen ausgehoben und aus Bauern und Handwerkern Soldaten wurden, bildeten die Hirten oft eine Art Spezialeinheit. Denn sie konnten mit einer besonders gefährlichen Waffe umgehen: der Steinschleuder. Nicht nur der Hirtenjunge David hat mit dieser gefürchteten Fernwaffe den mächtigen Goliath erledigt, nein, auch die römische Armee rekrutierte aus dem Hirtenvolk der Insel Rhodos oder von den Balearen Schleuderer. Gut trainiert und unerschrocken wie sie waren, geübt mit der guten und einfachen Fernwaffe, mit der sie die Herde lenkten sowie Raubtiere und Viehdiebe fernhielten, waren sie im Krieg gefürchtete Scharfschützen, die aber auch im Nahkampf mit Stock oder Dolch umzugehen wussten.

Wenn die Hirten im Lukasevangelium also von den Engeln aufgefordert werden, zur Krippe zu gehen, dann sollen sie nicht einfach einen Abendspaziergang machen oder mal neugierig schauen, ob die Engel Recht haben oder nicht. Sie sollen zur Geburtsstätte des Messias eilen, um diesen zu beschützen, sozusagen als seine Ehrengarde [→ Die Futterkrippe in der Höhle, s. S. 82-86]. Damit übernehmen sie die Rolle der Engel-Heerscharen, die gerade dabei sind, in den Himmel zurückzukehren. Nach den ersten Schrecksekunden in dieser gar nicht so stillen Nacht sind die Hirten selbstverständlich bereit, ihre Arbeit stehen zu lassen und in den möglicherweise bevorstehenden Kampf zum Schutz des Messias zu ziehen. Nachdem sie vor Ort aber festgestellt haben, dass alles in Ordnung ist und ihre Security-Dienste nicht benötigt werden, kehren sie beruhigt zu ihren Tieren zurück.

13. König Herodes der Große

oder:
Ein Kinderschlächter?

Im Januar des Jahres 49 v. Chr. überquerte Julius Cäsar – zusammen mit ein paar Tausend Legionären – den Fluss Rubikon und sprach die legendären Worte: »Die Würfel sind gefallen«. In der Antike bildete dieser Fluss die Grenze des zur Stadt Rom gehörenden Territoriums, in dem Legionen nichts zu suchen hatten – eigentlich. Indem Cäsar seine Mannen auf das römische Stadtgebiet führte, begann der Bürgerkrieg zwischen ihm und Pompeius. Die wechselvolle Geschichte dieses für das Römische Reich traumatischen Krieges lassen wir hier jetzt beiseite und schauen nur auf die Auswirkungen auf die politische Entwicklung in jenem Land, in dem Jesus wenige Jahrzehnte später das Licht der Welt erblicken sollte.

Irgendwann im Verlauf der Auseinandersetzungen kamen Cäsar und seine Leute nämlich in Ägypten – ja, so ein Feldherr kam ganz schön herum! – in militärische Bedrängnis. Sie wurden vom dortigen König, dem Bruder der sagenumwobenen Kleopatra, die später Cäsars Geliebte wurde – aber das ist auch wieder eine andere Geschichte ... – eingeschlossen. Und das brachte den jüdischen Adeligen und General Antipatros auf den Plan. Ursprünglich hatte er auf der Seite des Pompeius gekämpft, wechselte dann aber in das Lager Cäsars, was ziemlich clever war, denn dieser sollte letztendlich als Sieger aus dem Bürgerkrieg hervorgehen: Als Cäsars Truppen zu scheitern drohten, kam Antipatros mit seinen Männern zu Hilfe. Als Belohnung wurde er zum »Freund« Cäsars erklärt und – jetzt kommt es – seine Söhne, Herodes und Phasael, der allerdings bald darauf verstarb, wurden zu Gouverneuren von Galiläa und Judäa ernannt. Nach der Ermordung Cäsars im

Jahr 44 v. Chr. zeigte sich erneut, dass Antipatros ein schlauer Taktiker der Macht war. Weitsichtig schloss er sich Octavian, dem späteren Kaiser Augustus, an. Und als schließlich die Parther im Jahr 40 v. Chr. Jerusalem eroberten, versprach Rom Antipaters Sohn, dem Gouverneur Herodes, den Thron, falls dieser die Stadt zurückerobern würde. Der ging entsprechend motiviert ans Werk und bald war die Stadt den Parthern wieder entrissen.

Mit der Einnahme Jerusalems 37 v. Chr. durch Herodes begann dessen beinahe 33 Jahre währende Alleinherrschaft. Herodes hatte sich nicht nur als tapferer Soldat und Kommandant bewährt, sondern auch herausragende politische und diplomatische Fähigkeiten bewiesen. Während seiner Regierung herrschte jahrzehntelang Frieden, die Römer mischten sich kaum in die Angelegenheiten Judäas ein, das Land erlebte einen gewaltigen wirtschaftlichen Aufschwung [→ Die Römer, s. S. 52-54].

Wir wissen, dass König Herodes mindestens zweimal in Rom war und dort von den prunkvollen Bauten vollkommen beeindruckt war. »Das will ich auch!« hat er sich wohl gedacht, denn zurück in Judäa gründete er die große Hafenstadt Cäsarea Maritima und baute die Festungen Herodion, Makerion und Masada. Alles Orte, die prachtvolle Paläste und Badeanlagen beherbergten, die man z.T. noch heute bewundern kann. In Jerusalem ließ er die Wasserleitungen erneuern und zu Ehren des Augustus die Stadt Samaria ausbauen und in »*Sebaste*« (das griechische Wort für Augustus) umbenennen. Im religiös konservativen Jerusalem baute er ein Theater sowie ein Amphitheater für römische Spiele. Sehr wahrscheinlich ließ er sogar ein Hippodrom für Wagenrennen errichten. Die jüdischen Gelehrten waren entsetzt, doch das Volk liebte ihn dafür.

Als sein Hauptbauwerk hat aber sicherlich der prunkvolle Neubau des Tempels in Jerusalem zu gelten. Die gewaltige Struktur und die imposante Mauer der Einfriedung, die heute noch zu sehen sind, kannten im gesamten römischen Imperium nichts Vergleichbares. Mit diesem Bauwerk gelang es Herodes schließlich auch, die einflussreiche Priesteraristokratie von Jerusalem als Verbündete zu gewinnen.

Und damit noch nicht genug: Er senkte die Steuerlast für die Bevölkerung und kurbelte damit die Wirtschaft an. Er exportierte das begehrte Erdpech vom Toten Meer, das für das Abdichten von Schiffen unverzichtbar war, beutete die Kupferminen im Süden aus und lieferte sich mit Kleopatra einen erbitterten Konkurrenzkampf im Handel mit Balsam. In Zeiten der Hungersnot ließ er Getreide importieren und unter den Notleidenden verteilen. Auf diese Weise gelang es ihm, sein Reich zu befrieden und als eine Bastion der römischen Herrschaft im Orient zu etablieren, wobei er auch eine sehr erfolgreiche Integrationspolitik betrieb. Großzügig räumte er den verschiedenen Völkern und Religionen eigene Rechte ein. Anders, als heutige Bibelleser häufig annehmen, war König Herodes also beliebt und geachtet. Die gigantischen architektonischen Projekte, aber auch seine Weitsicht in Politik und Verwaltung brachten ihm den Beinamen »der Große« ein.

Angesichts dieses Befundes überrascht es nicht wenig, dass der jüdische Historiker Flavius Josephus ein sehr negatives Bild von Herodes zeichnet und fast ausschließlich seinen rücksichtslosen und brutalen Umgang mit politischen Gegnern sowie mit den Mitgliedern der eigenen Familie hervorhebt. So erfahren wir bei Josephus, dass Herodes den Mörder seines Vaters grausam hinrichten ließ. Um sich als soeben ins Amt gehobener König von Jerusalem die Gunst des heimischen Adels zu sichern, heiratete er die jüdische Prinzessin Mariamne, verstieß aber für diese neue Verbindung ziemlich herzlos seine erste Frau. Dann machte er seinen 16 Jahre alten Schwager zum Hohepriester. Als dieser seine Sache aber so gut machte, dass ihn das Volk bei einem jüdischen Fest etwas zu ausgiebig bejubelte, ließ Herodes ihn – vermutlich aus Eifersucht – ertränken. Wenige Jahre später mussten wegen einer angeblichen Verschwörung auch seine Frau Mariamne und andere Verwandte dran glauben. Als alter Mann soll er einen Torahlehrer, der ein Denkmal des Königs abgerissen hatte, bei lebendigem Leib verbrannt und auch dessen Schüler gleich mit umgebracht haben. Außerdem berichtet Josephus, dass Herodes kurz vor seinem Tod die wichtigsten und angesehensten jüdischen Männer des Landes im Hippodrom von Jericho gefangen nehmen ließ. Angeblich soll er geplant haben, sie nach seinem Tod ermorden zu lassen, damit die Juden einen Grund hätten, bei seinem Begräbnis zu weinen. Seine Schwester vereitelte jedoch diesen Plan und befreite die unglückseligen Männer.

Am berüchtigtsten jedoch hat Herodes ein kurzer Bericht im Matthäusevangelium gemacht, in dem der König als ruchloser Mörder unschuldiger Kinder dargestellt wird. Die Wirkungsgeschichte dieser Erzählung zeigt sich seit zwei Jahrtausenden nicht nur immer wieder in der christlichen Malerei, sondern bestimmt auch die historische Erinnerung an Herodes im Allgemeinen. Herodes – so meinen die meisten – hat den Mord an den Kindern von Bethlehem zu verantworten; er war es, der die Säuglinge den Händen ihrer flehenden Mütter entreißen, sie auf den Boden schmettern, erstechen oder erwürgen ließ, nur um – prophylaktisch gewissermaßen – einen möglichen Thronkonkurrenten zu beseitigen.

Die Episode ist wohlbekannt: Als Herodes von den Weisen aus dem Orient erfuhr, dass ein neuer König auf die Welt gekommen sei, plante er sofort, diesen Konkurrenten umgehend auszuschalten, und ließ, da er nicht wusste, wo er den Burschen finden könne, kurzerhand alle Jungen im entsprechenden Alter umbringen [→ Die Heiligen drei Könige, s. S. 128]. Jesus jedoch entkam dem Massaker durch Flucht nach Ägypten. Im Laufe der Zeit wurde diese knappe biblische Erzählung mit immer reicheren Details ausgeschmückt, wobei vor allem die Opferzahlen ins Unermessliche stiegen. Im Mittelalter war man schon bei einer sechsstelligen Zahl gemeuchelter Kleinkinder, was angesichts der damaligen Bevölkerungszahlen natürlich völlig unmöglich ist.

Ob ein derartiges Massaker wirklich stattgefunden hat bzw. ob Herodes überhaupt Kenntnis von der Geburt Jesu hatte, kann aus heutiger Sicht durchaus bezweifelt werden. Denn nur das Matthäusevangelium erzählt die Geschichte und alle späteren Quellen berufen sich auf den biblischen Text. Andere, zeitgenössische Quellen gibt es nicht, und eine einzige Quelle kann sicher nicht genügen, um die Historizität eines Ereignisses zu bestätigen. Besonders auffällig ist auch, dass ausgerechnet der jüdische Historiker Flavius Josephus, der – wie wir gesehen haben – besonders bemüht war, die Grausamkeit eines ansonsten erfolgreichen und beliebten Königs zu belegen, den vermeintlichen Kindermord mit keinem Wort erwähnt. Wenn es diese Geschichte tatsächlich gegeben hätte, hätte Flavius Josephus sie sich sicher nicht entgehen lassen.

In Ermangelung schriftlicher Belege machten sich Forscher darum auf die Suche nach archäologischen Quellen, die das Massaker bestätigen sollten. Und tatsächlich: 1988 fanden Archäolog*innen in Aschkelon, einer Stadt im Süden Israels, ein Massengrab mit etwa hundert Skeletten von Säuglingen. Die anfängliche Annahme, die Opfer des Herodes gefunden zu haben, erwies sich jedoch bald als falsch, denn erstens stammten die Skelette aus dem 3. Jahrhundert n. Chr. und zweitens waren auch die Überreste mehrerer Mädchen darunter. Warum damals in Aschkelon so viele Kinder sterben mussten, weiß man nicht; Herodes hatte dabei aber sicher nicht die Finger im Spiel.

Sehr wohl dürfte dieser König aber – darüber sind sich Historiker*innen weitgehend einig – hinter jeder Ecke einen Konkurrenten bzw. einen möglichen Königsmörder vermutet haben. Er griff daher immer wieder zum Mittel des Präventivmordes und ließ sogar drei seiner eigenen (erwachsenen) Söhne umbringen. Denn der Vater traute Aristobul, Alexander und Antipater Umsturzpläne zu. In Rom spottete man daher, am Hof des Herodes sei es besser, ein Schwein zu sein als ein Sohn, denn ein Schwein würde Herodes als Jude ja nicht essen dürfen und daher auch nicht töten.

Die tatsächliche Ermordung der eigenen erwachsenen Kinder durch den Vater Herodes könnte also der historische Hintergrund gewesen sein, der die Autoren des Matthäusevangeliums mehr als ein halbes Jahrhundert später zur Erfindung des Kindermordes von Bethlehem veranlasst hat. Außerdem spielt die Episode bewusst mit dem Motiv der Gefährdung kurz nach der Geburt, einem Motiv, das in Legenden rund um wichtige Persönlichkeiten sehr häufig anzutreffen ist: Moses, aber auch Romulus und Remus, Alexander der Große, Herkules und andere wichtige Gestalten der antiken Welt sahen sich – zumindest in den um sie gewobenen Mythen – unmittelbar nach ihrer Geburt mit einem schier unbezwingbaren Feind konfrontiert, konnten der Bedrohung aber auf wundersame Weise entgehen. Schließlich ist das Massaker an den unschuldigen Kindern für das Matthäusevangelium aber auch deswegen sehr wichtig, weil damit gleich zwei Prophetien aus dem Alten Testament als erfüllt angesehen werden können: Die erste stammt aus dem Buch des Propheten Jeremia, der das Wehklagen der Mütter vorausgesagt haben soll. Die zweite findet sich im Buch des Propheten Hosea und wird erfüllt, indem Josef, Maria und das kleine Kind nach Ägypten fliehen, um dem Kindermord zu entkommen.

Insgesamt haben wir es hier also mit einer klugen literarischen Konstruktion zu tun, die historische Sachverhalte, mythische Motive und religiöse Erwartungen in geschickter Weise verknüpft. Tatsächlich aber hat der Kindermord zu Bethlehem nie stattgefunden. Das verändert unser Bild von der Rolle des Herodes in der Weihnachtgeschichte. Nicht nur, dass er kein Massenmörder war, sehr wahrscheinlich hatte er nicht einmal Kenntnis von Jesu Geburt. Denn es ist fraglich, ob diese tatsächlich schon von den Zeitzeugen als wichtiges Ereignis, das man dem König hätte berichten müssen, wahrgenommen wurde oder – nicht viel eher – erst später in einer Zeit, als sich die messianischen Hoffnungen vieler Menschen auf den gekreuzigten Christus richteten [→ Der Messias, s. S. 90-96].

14.

Der Weihnachtsstern

oder:
Ein Komet oder eine Erfindung?

Er ist Teil einer jeden Krippe, er schmückt Türeingänge und die Spitze von Weihnachtsbäumen und oft bekommen Kekse und andere Weihnachtsleckereien seine Form: der Komet mit seinem langen Schweif und mit seinen vielen Zacken, dessen Schein auf die Geburt des Jesuskindes hinweist. Dieser Komet ist von Weihnachten nicht mehr wegzudenken, ein beliebter Deko-Artikel, vielfältig einsetzbar. Schade nur, dass der Komet in den Erzählungen von Jesu Geburt, wie sie in den Evangelien überliefert sind, ebenso wenig vorkommt wie Ochs und Esel, die Geburtsgrotte oder die drei Könige.

Während aber diese traditionellen »Zutaten« der Weihnachtsgeschichte wenigstens in den sogenannten apokryphen Evangelien – also in jenen Evangelien, welche die frühe Kirche nicht in das Neue Testament aufgenommen hat – genannt werden, fehlt von dem Kometen von Bethlehem auch hier jede Spur. Lediglich die etwas seltsame Geschichte von einem Stern, der aufgeht, um die Geburt des Königs der Juden anzuzeigen, wird im zweiten Kapitel des Matthäusevangeliums wiedergegeben. Dieser Stern dient den Weisen, die aus dem Morgenland kommen, um dem neugeborenen König zu huldigen, als Wegweiser [→ Die Heiligen drei Könige, s. S. 128-132]. Eine schöne Idee zweifellos, physikalisch ist sie allerdings eine Sache der Unmöglichkeit. Denn Sterne bewegen sich nicht und sie können deshalb auch nicht über einem Haus oder einer Grotte »stehenbleiben«.

Woher kommt dann aber die Vorstellung von einem geschweiften Stern? Der Erste der im Zusammenhang mit dem Matthäusevangelium von einem realen Kometen spricht, war der christliche Gelehrte Origenes. Er wirkte im 3. Jahrhundert n. Chr. vor allem in Alexandria und wurde zu einem der größten christlichen Theologen in den ersten Jahrhunderten der frühen Kirche. Er legte viel Wert darauf, die Bibel auch als historisches Buch zu verstehen, und somit konnte der bewegliche Stern nur ein Komet sein. Ähnlich wie Origenes beharrte knappe drei Jahrhunderte später auch Johannes von Damaskus, ein anderer frühchristlicher Gelehrter, der sich neben der Theologie auch mit Astronomie beschäftigte, darauf, dass der mysteriöse Stern bei Jesu Geburt nur ein Komet gewesen sein konnte. Allerdings wird die Position dieser beiden zunächst nicht übernommen. Der Erfolgszug des Weihnachtssterns beginnt erst deutlich später. Begeben wir uns also auf eine Spurensuche.

Einen Hinweis finden wir in Padua in Norditalien. Dort bedeckte der berühmte Maler Giotto das Gewölbe der Scrovegni-Kapelle mit wunderschönen Fresken, die Episoden aus dem Leben Jesu abbildeten. Bei der Geburtsszene malte er oberhalb der Krippe einen Kometen. Eine rot-gelbe Kugel mit einem Schweif, die quasi auf der Dachkonstruktion ruht, unter der die Heilige Familie verweilt. Es war das Jahr 1303 und der Komet, den Giotto zeichnete, gilt heute als eine der ältesten Abbildungen des Halleyschen Kometen, den Giotto selbst zwei Jahre zuvor beobachtet hatte.

Trotz der wunderschönen künstlerischen Darstellungen kommt der Halleysche Komet als möglicher Kandidat für den Stern von Bethlehem allerdings nicht in Frage. Es stimmt zwar, dass dieser Komet mit einer gewissen Regelmäßigkeit – nämlich alle 74 bis 79 Jahre –

mit bloßem Auge von der Erde aus beobachtet werden kann, jedoch soll sich dieses Naturschauspiel historischen Quellen zufolge bereits im Oktober des Jahres 12 v. Chr. ereignet haben. Etwas zu früh also, um Jesu Geburt anzukündigen, die frühestens im Jahr 7 v. Chr. stattgefunden haben kann. Im Lauf der Jahrhunderte gab es aber noch andere Theorien, die versuchten, das Weihnachtsstern-Problem mit astronomischen Beobachtungen zu lösen. So stellte der Astronom Johannes Kepler zu Beginn des 17. Jahrhundert n. Chr. fest, dass um das Jahr 7. v. Chr. eine besonders helle Konjunktion von Jupiter, Saturn und Mars stattgefunden habe, also eine Annährung von Himmelskörpern, die, von der Erde aus beobachtet, als »Berührung« wahrgenommen werden kann. Derartige Erklärungsversuche gibt es einige. Sie alle halten den Ansprüchen der modernen Naturwissenschaften allerdings nicht stand und lösen bei Astronomen im Jahr 2021 bestenfalls ein mitleidiges Lächeln aus.

Möglicherweise hatte der Stern – und später der Komet – aber auch einen ganz anderen Hintergrund. Im Matthäusevangelium wird mit den historischen Fakten nämlich recht locker umgegangen, wie man nicht zuletzt an der völlig fiktiven Genealogie, also an Jesu Stammbaum am Anfang des Buches, erkennen kann.

Diese Genealogie besteht aus einer dreiteiligen Aneinanderreihung von jeweils 14 wichtigen Persönlichkeiten aus der Geschichte Israels. Es handelt sich dabei nicht um einen realen Stammbaum, sondern um symbolische Bezüge, um einen – könnte man sagen – literarischen Kunstgriff, der die Bedeutsamkeit des gerade geborenen Heilandes unterstreichen soll. Auch in der

Fortsetzung der Erzählung verwenden die Autor*innen eine Vielzahl von Symbolen. Für die Annahme, dass es sich bei unserem Stern ebenfalls um ein solches Symbol handelt, spricht, dass Jesus nicht der Erste war, dessen Geburt von einem Stern angekündigt wurde. Bereits die Geburt von Mithridates IV., einem berühmten König aus Kleinasien und erbitterten Gegner der Römer, sowie die Geburt von Alexander dem Großen werden mit astronomischen Ereignissen in Verbindung gebracht. Auch die symbolische (Wieder-)Geburt des Octavian als Augustus und Nachfolger von Julius Cäsar oder die nach seiner Ermordung erfolgende Geburt Cäsars als göttliche Gestalt werden ebenfalls von einer besonderen himmlischen Erscheinung begleitet. Plinius beschreibt dieses astronomische Ereignis als »Komet« und berichtet weiter, dass der Komet sogar in einem römischen Tempel verehrt wurde. Schließlich wird auch das Haupt von Kaiser Augustus auf manchen Darstellungen von einem Stern geziert, wie wir beispielsweise von Münzen wissen, die er mit seinem Porträt prägen ließ. Diese Sternenzier ist ein Vorläufer der späteren Heiligenscheine. Sterne am Himmel – so könnte man also zusammenfassen – waren und sind grundsätzlich ein Symbol für die Geburt bedeutsamer Menschen. Das Matthäusevangelium bedient sich dieser Symbolik und lässt sich außerdem von einer kryptischen Passage aus dem Alten Testament inspirieren, in der das Aufgehen eines Sterns als Zeichen für das Kommen einer messianischen Gestalt interpretiert wird (Numeri 24,17).

Ganz egal, aus welchem Blickwinkel man die Erzählung des Sterns von Bethlehem deutet, man kommt – abgesehen vom symbolischen Charakter des Himmelskörpers – auf keine zufriedenstellende Erklärung. Fest steht, dass der Komet die spätere Erfindung eines begnadeten Künstlers war, und dass auch die neutestamentliche Nennung eines auffälligen Sternes nicht auf einem tatsächlichen Ereignis beruhen muss. Die Geburtserzählung des Matthäusevangeliums hat vielmehr das Ziel, Jesus schon zu Beginn seines Lebens als den Messias und neuen König der Juden auszuweisen [→ Der Messias, s. S. 90-96]. Genau dies wird später auch der offizielle Grund für seine Verurteilung und Kreuzigung sein. Auf diese Weise schafft das Matthäusevangelium einen literarischen Rahmen für seine Erzählung vom Leben Jesu. In dieser Gesamtkomposition ist der Stern von Bethlehem lediglich eine kometenhafte Nebenerscheinung.

15.

Die Heiligen drei Könige

oder:
Wer waren die Männer aus dem Morgenland?

Holz-, Keramik- oder Plastikfiguren von Kaspar, Melchior und Balthasar gehören zum Stammpersonal einer jeden Weihnachtskrippe. Sie tragen Gold, Weihrauch und Myrrhe als Geschenke mit sich und sind manchmal sogar von Knechten und Kamelen begleitet. Und auch, dass die Weisen aus dem Morgenland als Heilige verehrt werden, ist eine alte Tradition. Die Feier des »Dreikönigstags« ist bereits im 4. Jahrhundert n. Chr. nachzuweisen und seit dem 16. Jahrhundert kann man die drei Könige samt dekorativem Weihnachtsstern sogar live erleben, wenn sie singend durch Städte und Dörfer ziehen, für wohltätige Anliegen Geld sammeln und die Buchstaben C+M+B auf Haustüren oder Türbalken schreiben.

Wer sich aber die Mühe macht, die Bibel aufzuschlagen und in der einzigen Erzählung, die von diesen geheimnisvollen Figuren berichtet, nachzulesen, wird mit Sicherheit überrascht. Denn das Jesuskind, das sie besuchen wollen, ist kein neugeborenes Baby, sondern ein zweijähriges Kleinkind. Von Herodes, dem König von Judäa, Galiläa und Samaria, wird nämlich berichtet, er habe aus Angst vor einem möglichen Thronkonkurrenten alle männlichen Kinder in und um Bethlehem töten lassen, die bis zu zwei Jahre alt waren. Er habe die »Hoffnung« gehabt, dass sich darunter auch der kleine Jesus, der künftige König der Juden, befinde [→ König Herodes der Große, s. S. 116].

Auch wenn diese Geschichte nicht auf realen Begebenheiten beruhen dürfte, ist sie dennoch sehr wichtig, wenn man bestimmen will, wann Jesus tatsächlich geboren ist. Herodes ist nämlich im Jahre 4 v. Chr. gestorben. Und weil er laut Erzählung noch gelebt haben muss, als Jesus auf die Welt kam, muss Jesus vor seinem Todesjahr, also vor dem Jahr 4 v. Chr. zur Welt gekommen sein [→ Das Jahr 0, s. S. 19-22]. Als König Herodes wiederum mit den Weisen spricht, erfreut er sich noch bester Gesundheit, und weil das Jesuskind da bis zu zwei Jahre alt gewesen sein könnte, ergibt sich, dass Jesus zwischen dem Jahr 8 und dem Jahr 6 v. Chr. geboren sein muss.

Aber nicht nur der Umstand, dass das Jesusbaby eher ein Jesuskind gewesen sein dürfte, ist überraschend, sondern auch, dass die Leute, die nach dem neugeborenen König der Juden gesucht haben, weder zu dritt waren noch Könige. Der biblische Text ist diesbezüglich relativ klar: Er bezeichnet die Figuren nämlich lediglich mit dem griechischen Wort »*mágoi*«, einer Pluralform, die »Magier« oder »Weise«, vielleicht auch »Sterndeuter« bedeutet. Von einer bestimmten Anzahl ist nicht die Rede. Diese *mágoi* bringen Jesus drei Gaben, weswegen man stillschweigend davon ausgegangen ist, dass sie zu dritt gewesen seien. Der Erste der auf diese Idee kam, war der berühmte frühchristliche Theologe und Kirchenmann Origenes im 3. Jahrhundert n. Chr.

Zu Königen sind die Magier dann erst irgendwann im 6. oder 7. Jahrhundert geworden. Anspielungen auf Texte aus dem Alten Testament und vor allem das Bestreben, den neugeborenen Jesus in ein würdiges Umfeld zu stellen, haben wahrscheinlich dazu geführt. In der Bibel tragen die *mágoi* auch keine Eigennamen, trotzdem bekamen sie im Laufe der Zeit welche zugesprochen. Die Herren, die nunmehr zu Königen geadelt worden waren, hießen allerdings nicht immer Caspar, Balthasar und Melchior. Der Verfasser der »*Legenda au-*

rea«, einer Sammlung von Heiligenlegenden, Jakobus von Voragine, nennt Mitte des 13. Jahrhunderts ihre angeblich hebräischen Namen in latinisierter Form: Appelius, Amerius und Damascus. Dabei liefert er auch gleich deren griechische Übersetzung: Galgalat, Balthasar und Melchior. In der griechischen Tradition hießen sie aber auch Thaddadia, Melchior und Balytora. Die syrischen Christen nennen ihre drei Könige Larvandard, Hormisdas und Gushnasaph. Die äthiopische Kirche kennt sie als Tanisuram, Mika und Sisisba oder auch Awnison, Libtar und Kasäd. Bei den Armeniern gibt es nur zwei Könige: Kagba und Badadilma. Alle Namen haben natürlich tiefgründige Bedeutungen.

Im Spätmittelalter kam dann die Idee auf, die drei Könige sollten die unterschiedlichen Kulturen der Welt repräsentieren: So wurde Caspar dunkelhäutig, er kommt aus Afrika, bringt Myrrhe mit, Melchior ist ein Europäer, der Gold verschenkt, während Balthasar als asiatischer König den Weihrauch beisteuert. Demgegenüber ist im Matthäusevangelium nur vage angedeutet, woher die Magier kommen, nämlich »aus dem Osten«, was zumindest den afrikanischen und den europäischen Ursprung ausschließen würde. Möglicherweise kamen sie aus dem Persischen Reich, d.h. ihr »wahrer« Ursprungsort hat mit den verschiedenen Kulturen und Erdteilen nichts zu tun. Die Vorstellung, die (drei) Magier stünden symbolisch für die drei Teile der Welt (Europa, Afrika, Asien), ist sehr alt. Amerika und Australien waren im 7. Jahrhundert n. Chr. noch nicht bekannt, weshalb es nicht zu überraschen braucht, dass weder die Ureinwohner Nordamerikas noch die Ureinwohner Australiens mitbedacht worden sind.

Auch die Gaben sind symbolisch und wohl eine Erfindung der Autorengruppe des Matthäusevangeliums, die eine klare theologische Botschaft vermitteln wollten. Mit der Gabe des Goldes wird Jesus besonders geehrt und gewissermaßen als Königssohn ausgewiesen. Weihrauch wird im Gottesdienst verbrannt und duftet. Er steht symbolisch für Reinigung, Verehrung und auch für das Gebet. Myrrhe ist ein bitterer Saft, der aus Baumrinden gewonnen wird. Und da in der Antike Leichen mithilfe dieses duftenden Saftes einbalsamiert wurden, deutet die Gabe von Myrrhe bereits auf Jesu Tod hin.

Diese Gaben kommen wirklich im biblischen Text vor. Und weil es den Gläubigen in der Vergangenheit wichtig war, ihre alten – ein wenig zweifelhaften – Traditionen mit historischen Gegenständen zu untermauern, gibt es von den drei Königen auch Reliquien, also (heilige) Überreste. Ihre Gebeine sollen ursprünglich in Konstantinopel aufbewahrt worden sein. Später sind sie nach Mailand gelangt und 1164 als Kriegsbeute von Kaiser Barbarossa nach Köln überführt worden. Im Kölner Dom liegen sie auch heute noch und zwar in einem schönen goldenen Schrein. Ob diese Knochen wirklich zu den »heiligen drei Königen« gehören, ist äußerst fraglich. Sehr alt sind sie aber auf jeden Fall.

Die drei Buchstaben C+M+B haben übrigens nichts mit den Anfangsbuchstaben der Namen der drei Weisen aus dem Osten zu tun. Sie kürzen lediglich den lateinischen Segenspruch »*Christus mansionem benedicat*« ab, was »Christus möge dieses Haus segnen« bedeutet. Auch dieser Brauch ist nicht biblisch, sondern stammt erst aus dem 16. Jahrhundert. Aber nachdem weder

Zahl, noch Herkunft oder Beruf der ehrenwerten Gäste im Einklang mit dem biblischen Text stehen, brauchen wir uns über die irrtümliche Deutung der Anfangsbuchstaben wohl auch keine großen Gedanken zu machen.

16.

Der Weihnachtsbaum

oder:
Was macht die Nordmanntanne
in Palästina?

Laut einer Umfrage des deutschen Markforschungsinstituts SDI erklärten im Jahr 2015 fast zwei Drittel der deutschen Bevölkerung, dass man Weihnachten erst feiern darf, wenn der Weihnachtsbaum aufgestellt ist. Interessanterweise spielt dabei die Religionszugehörigkeit kaum eine Rolle. Weihnachtsbäume gibt es bei Christen aller Konfessionen, aber auch bei Muslimen, Juden, Mormonen und nicht zuletzt bei Atheisten. Der Verkauf von Weihnachtsbäumen ist in Deutschland in den ersten drei Dezemberwochen zu einem nicht zu unterschätzenden Wirtschaftsfaktor geworden. Das ist in der Tat eine sehr interessante Entwicklung, denn obwohl sehr viele Menschen einen Tannenbaum aufstellen und schmücken, wissen nur wenige, woher diese Weihnachtstradition kommt.

Im Reigen der verschiedenen Bräuche, von denen man meint, sie würden zur Geburtsgeschichte Jesu dazugehören, obwohl sie dort überhaupt nicht vorkommen, hat der Weihnachtsbaum eine besonders erstaunliche Geschichte durchgemacht. Die an ihn geknüpfte Symbolik hat sich im Lauf der Zeit nämlich völlig verselbstständigt. So ist der Weihnachtsbaum beispielweise zum Gegenstand von Weihnachtsliedern geworden, bei denen der Bezug zum eigentlichen Inhalt von Weihnachten, nämlich der Geburt von Jesus, gar nicht mehr vorhanden ist. Der Text von »Oh Tannenbaum« beispielsweise erinnert mehr an eine antike germanische Baumkult-Hymne als an christliche Weihnachtsfrömmigkeit. Vom Jesuskind, von Engeln oder von der Erlösung der Welt ist darin jedenfalls nicht die Rede. Es sind die immergrünen Zweige, die diesen Baum angeblich so besonders machen. Was also hat der Weihnachtsbaum wirklich mit der Geburt Jesu zu tun?

Auf der Suche nach den Ursprüngen der Weihnachtsbaum-Tradition wird man interessanterweise nicht in der Bibel, sondern im Koran, dem heiligen Buch der Muslime, fündig. Maryam (Arabisch für »Maria«) ist gerade unterwegs, als sie spürt, dass die Wehen einsetzen, weshalb sie sich an einen Baum lehnt. Und dort, unter dem schattenspendenden (Weihnachts-) Baum kommt der kleine Isa (arabisch für »Jesus«) auf die Welt. Der im Koran erwähnte Baum war allerdings keine Nordmanntanne – so wie mehr als 80% der in Deutschland verkauften Weihnachtsbäume –, sondern eine Palme. Und eine solche ist als Weihnachtsbaum natürlich nicht besonders praktisch, denn erstens ist sie hierzulande nicht heimisch und zweitens wäre es einigermaßen schwierig, sie mit roten Glaskugeln und Lametta zu behängen. Die Palme im Koran entpuppt sich also als tote Spur.

Und in der Bibel findet sich gar nichts. Hier ist weder von einer Palme, noch von einer Tanne geschweige denn von irgendeinem anderen Baum die Rede. Angesichts der Tatsache, dass der Weihnachtsbaum mittlerweile zum Symbol schlechthin für das Weihnachtsfest geworden ist, ist das aber ziemlich überraschend. Woher kommt also der Baum? Und was hat er mit der Geburt Jesu zu tun?

Die Vorstellung, dass grüne Pflanzen Lebenskraft zum Ausdruck bringen und immergrüne Pflanzen in den Wintermonaten auf die Rückkehr des Frühlings hindeuten, ist sehr alt. So dachten schon die Ägypter, dann die Griechen, nach ihnen die Römer und gerade auch die alten Kulturen des Nordens kennen diese Vorstellung. Nordmänner und Germanen schmückten ihre Häuser mit Tannenzweigen, um den bösen Wintergeistern das Einnisten zu erschweren. Allerdings: Ein paar lose immergrüne Tannenzweige ergeben doch noch lange keinen Baum!

Und so stehen auch nicht die Germanen sozusagen an der Wurzel des Tannenbaums, sondern die Römer. Diese waren bekanntermaßen religiös ziemlich liberal. Sie verehrten viele unterschiedliche Gottheiten in ihren Tempeln und waren der Überzeugung, dass es besser sei, einen unwichtigen Gott zu viel anzubeten, als aus Versehen einen wichtigen Gott zu übergehen. Auf diese Weise erlangte ab dem 1. Jahrhundert n. Chr. eine Gottheit aus dem Nahen Osten immer mehr Bedeutung und zwar der Gott Mithras [→ Das Licht der »neuen« Sonne, s. S. 34-37]. Von Mithras wird erzählt, dass er zwölf Anhänger hatte, mit denen er ein Abendmahl feierte, bevor er starb und von den Toten auferstand. In Darstellungen, die heute noch erhalten sind, erstrahlt hinter seinem Kopf eine Sonne, die stark an den christlichen Heiligenschein erinnert. Und weil Mithras als Sonnengott verehrt wurde, weihte man ihm den Sonntag. Auch das Kreuz war für die Anhänger des Mithras ein wichtiges Symbol. Noch dazu wurde der Sonnengott vor allem am Tag der Wintersonnenwende angebetet, also um den 24. Dezember herum [→ Die Nacht des 24. Dezembers, s. S. 29-30]. Zur Feier gehörte dann – welch eine Überraschung! – auch das Schmücken eines Baums. Ist der Weihnachtsbaum also eine christliche Form des Mithras-Baums? Eine vage Erinnerung möglicherweise. Denn die Christen fingen nicht schon in der frühen Zeit der Kirche an, Weihnachtsbäume zu schmücken, sondern erst viel später, als der Mithras-Kult schon lange untergegangen war. Von daher ist es wahrscheinlicher, dass der heutige Weihnachtsbaum einen anderen Ursprung hat.

Ab dem Mittelalter begann man in der Kirche, um das ungebildete Volk zu unterrichten, nämlich damit, biblische Szenen darzustellen. Beliebt war die Geschichte von Adam und Eva im Paradies. Für die Paradiesgeschichte brauchte man natürlich einen »Paradiesbaum«. Dieser musste immergrün sein – es musste also ein Nadelbaum her – eine Tanne oder eine Fichte. Als Frucht der Erkenntnis, die Adam und Eva so viel Ärger machte, musste zunächst ein roter Apfel herhalten. Den grünen Baum mit dem roten Apfel verwendete man in der Kirche also ursprünglich nicht, um an das Weihnachtsgeschehen zu erinnern, sondern um die Geschichte von Adam, Eva und der Schlange zu erzählen. Im Laufe der Zeit wurde der Paradiesbaum dann immer prächtiger, größer, mit goldenen Nüssen, Gebäck und Glaskugeln verziert. Schließlich erschien er zu schön, um an etwas so Unerfreuliches wie den Sündenfall zu erinnern, und so schaffte man die Verbindung zur Weihnachtsgeschichte. Damit war der Weihnachtsbaum geboren. Eine sehr schöne, tatsächlich rein christliche Erfindung. Obwohl der geschmückte Baum also einer ursprünglich religiösen Tradition entsprang, verbreitete sich der Brauch zunächst eher langsam, nicht zuletzt deshalb, weil sich die katholische Kirche, die den eigentlichen Ursprung vergessen hatte, vor der – anscheinend – heidnischen bzw. vor allem vor der protestantischen Beeinflussung fürchtete.

Erst mit Beginn des 17. Jahrhunderts häufen sich die Nachrichten von mit Kerzen geschmückten Bäumen, die in den Wohnzimmern wohlhabender protestantischer Familien aufgestellt wurden. Diese Lichterbäume waren das perfekte Gegenstück zur katholischen Weihnachtskrippe, welche die Protestanten aufgrund ihrer kritischen Haltung gegenüber der Heiligenverehrung lange Zeit ablehnten.

Die erste literarische Erwähnung eines Weihnachtsbaums stammt übrigens aus der Feder von Johann Wolfgang von Goethe, der 1770 in Straßburg einen solchen gesehen hatte. In der dichterischen Bearbeitung besucht der junge Werther am Sonntag vor Weihnachten seine geliebte Lotte und ist nicht nur von ihr, sondern auch vom geschmückten Baum mit all seinen Wachslichtern, dem Zuckerwerk und den Äpfeln überaus entzückt. Beinahe schon Legendenstatus erhielt dann jener »gewaltige Tannenbaum, der fast bis zur Decke reichte, geschmückt mit Silberflitter und weißen Lilien – und an der Spitze ein schimmernder Engel«, den Thomas Mann 1901 in seinem preisgekrönte Roman *Buddenbrooks* beschreibt.

Und auch wenn sich die Weihnachtsbäume, ausgehend vom deutschsprachigen Raum, ab der Mitte des 19. Jahrhunderts in der ganzen Welt auszubreiten begannen, hat man in Rom doch erst 1982 zum ersten Mal einen Weihnachtsbaum vor dem Petersdom aufgestellt.

Mittlerweile werden in Deutschland jedes Jahr fast 29 Millionen Weihnachtsbäume gefällt, auf den Plätzen der Städte sind riesige Tannen aufgestellt. Früher wurden die Bäume nach der Weihnachtszeit als Tiernahrung wiederverwertet. Heute ist das allerdings kaum mehr möglich, denn es muss eine ganze Menge an Pestiziden und Dünger eingesetzt werden, um immer schönere, immer grünere, länger frisch bleibende Bäume zu produzieren. In manchen Städten hat man daher begonnen, die ausgedienten Bäume als Rohstoff zu nutzen. Deutschland ist dabei übrigens vorbildhaft unterwegs: Ein Großteil der Bäume wird zu Holzhackschnitzeln verarbeitet und dient dazu, umweltfreundliche Energie zu produzieren – eine schöne Perspektive eigentlich.

17.

Die Geschichte hinter der Geschichte

oder:
Warum wir heute noch Weihnachten feiern

Das 4. Jahrhundert brachte in der Geschichte des Christentums zwei entscheidende Veränderungen, welche die Struktur und die inhaltliche Ausrichtung dieser damals noch recht jungen Religion unverkennbar formen würden. Einerseits nämlich nahm die Zahl der Menschen, die sich Christen nannten, stark zu – unabhängig von der Vielfalt ihrer Glaubensvorstellungen und der von ihnen praktizierten Riten. Zugleich wurde das Christentum von einer verfolgten zu einer tolerierten und später sogar zur bevorzugten und von den politischen Machtträgern erwünschten Religion. Die Christen wagten sich also aus den Katakomben heraus, wohin sie sich während der Verfolgungen durch Kaiser Decius (249-251), Valerian (253-260) und schließlich Diokletian bzw. Galerius (303-310) verkrochen hatten. Einmal ans Licht der Öffentlichkeit gelangt, verbreiteten sich die christlichen Ideen schneller denn je; das Zeugnis der Märtyrer wirkte auf die Menschen überzeugend und inspirierend zugleich.

Und dann passierte etwas, dessen Folgen sich moderne Historiker*innen noch immer nicht erklären können: eine geradezu epische Schlacht zwischen zwei großen Kaisern (auf dem Staatsgebiet des Römischen Reiches gab es zu dieser Zeit vier), bei der es um nichts weniger als um die Weltherrschaft ging. Vor den Toren Roms, der ewigen Stadt, stehen 40.000 kampferfahrene Krieger aus Gallien und Germanien, dem Norden des schwächelnden Römischen Reiches, 100.000 erprobten Kämpfern aus den Regionen Italiens und Nordafrikas gegenüber. Zwischen den beiden Heeren liegt ein Fluss mit einer Brücke, die es zu erobern bzw. zu verteidigen gilt. Konstantin, der siegessichere Angreifer, auf der einen Seite und ein unentschlossener Maxentius, der Verteidiger, auf der anderen. Dieser bewegt unvorsichtig sein Heer gegen den Feind, überquert die Brücke und begeht somit einen entscheidenden strategischen Fehler, der seine Niederlage besiegeln wird.

Man schreibt den 28. Oktober des Jahres 312. Der Theologe und Historiker Eusebius von Cäsarea der außerdem noch der Biograph Konstantins war, beschreibt die entscheidende Schlacht Jahrzehnte danach mithilfe von legendenhaften Elementen, die er aus der griechischen, römischen und auch der jüdischen Mythologie entlehnte. Am Vorabend des Kampfes an der Milvischen Brücke ist Kaiser Konstantin nicht damit beschäftigt, mit seinen Generälen den Schlachtplan zu besprechen, nein, er schläft – und er träumt. In seinem Traum erscheint ihm Jesus Christus, der ihm den Sieg verspricht, sofern Konstantin bereit wäre, das *Staurogramm*, d. h. ein gemaltes Kreuzzeichen, auf die Schilde seiner Soldaten malen zu lassen. Konstantin hört auf seine Träume und lässt die Schilde seiner Soldaten mit dem Christusmonogramm – einem »*X*« (der griechische Buchstabe »*Chi*«) mit einem »*P*« (der griechische Buchstabe »*Ro*«) oberhalb des Querbalkens als Abkürzung für das griechische Wort »Christos« – bemalen. Sein Sieg ist fulminant, Maxentius selbst ertrinkt beim Versuch zu fliehen im Tiber. Konstantin wird Alleinherrscher im westlichen Teil des römischen Imperiums. In den folgenden Kämpfen verschwindet zwar das Kreuz wieder von den Schilden, die Wende hin zum Christentum ist aber bereits vollzogen. Mit einem Mal stehen die Christen, die keine zwei Jahre zuvor noch verfolgt und getötet wurden, als die Sieger da und dieser Sieg wird der direkten Intervention von Jesus Christus zugeschrieben.

In der Folge überschlagen sich die Ereignisse. 313 einigt sich Konstantin mit Licinius, dem Kaiser im Ostteil des Reiches, auf eine uneingeschränkte Religionsfreiheit. Die christlichen Priester müssen – wie schon die Priester der anderen Religionen im Reichsgebiet – keine teuren Ehrenämter mehr übernehmen und viele Steuern nicht mehr zahlen. 315 wird die Kreuzigung als Strafe abgeschafft. 319 werden Tieropfer an römische Götter verboten. 321 wird der Sonntag arbeitsfrei, nicht einmal Gerichtsverhandlungen durften an diesem heiligen Tag noch stattfinden. 325 werden die Gladiatorenkämpfe verboten. In den folgenden Jahrzehnten beginnen christliche Bischöfe und Mönche, einzelne Tempel der alten römischen Gottheiten im ganzen Reich zu zerstören und Andersgläubige zu verfolgen. 394 werden dann auch die olympischen Spiele, die ebenfalls als heidnisch galten, waren sie doch den Göttern des Olymps gewidmet, verboten.

Konstantin sah im Christentum eine Religion, welche die Voraussetzungen mitbrachte, seinem Großreich eine innere, ideologische Einheit zu geben. Die Zahl der Christen wächst, aus allen Schichten der Gesellschaft strömen neue Mitglieder in die neuen christlichen Tempel, die mit gewaltiger Geschwindigkeit für die staatlich anerkannte Version des Glaubens erbaut werden. Für die Kirche selbst ergeben sich aus diesem Massenzustrom nicht nur logistische und organisatorische Herausforderungen – neue Organisations- und Verwaltungsstrukturen müssen geschaffen werden, neue Räumlichkeiten gefunden, Führungspersönlichkeiten rekrutiert und ausgebildet werden –, sondern auch ein schwerwiegendes Orientierungsproblem: Denn tatsächlich weiß man nicht sehr viel über diesen Jesus Christus, in dessen Namen sich auf einmal so viele Menschen taufen lassen wollen, und selbst die eigenen »Experten«, nämlich die Priester und Bischöfe, sind in vielen Detailfragen unterschiedlicher Meinung, von den verschiedenen christlichen Glaubensrichtungen zu schweigen.

Um hier Abhilfe zu schaffen und Einigkeit zu erzielen, beruft der Kaiser 325 das erste ökumenische Konzil ein, eine Versammlung von Bischöfen der staatlich anerkannten Kirche aus dem ganzen vom Kaiser beherrschten Gebiet, um wichtige dogmatische Entscheidungen über das richtige Verständnis der Natur Jesu und über das richtige Gottesbild endgültig festzulegen. Dabei werden dann auch tatsächlich einige wichtige Entscheidungen getroffen, die noch heute für die Kirche maßgeblich sind. Die große Masse der Menschen, die sich in diesen bewegten Jahren am Beginn des 4. Jahrhunderts und in der Folgezeit zum Christentum bekehren, kann allerdings mit den theologischen Spitzfindigkeiten der Kirchenmänner, die sich intensiv mit Trinität, Substanzverständnis und Wesensausformungen Gottes beschäftigen, nicht viel anfangen. Wie nicht anders zu erwarten, stehen für die einfachen Menschen deutlich banalere Probleme im Vordergrund.

Auf der einen Seite lebt über die Hälfte der Bewohner*innen des Imperiums in Armut oder am Existenzminimum; Krankheiten, Hungersnöte und wirtschaftliches Elend bedrohen wie seit Jahrhunderten die Existenz breiter Bevölkerungsschichten. Kaiser, Armee, Verwaltung und die lokalen Prominenten diktieren die Bedingungen des Alltagslebens. Und plötzlich werden sie mit einer neuen Lehre konfrontiert: dem Christentum. Jesus Christus, der vom Tod Auferstandene, bietet die Hoffnung auf Unsterblichkeit. Nicht die als brutal und ausweglos empfundene Realität ist das richtige Leben, sondern das nächste Leben, die bevorstehende Welt, das Königreich des Himmels, wo endlich Glück und die Erfüllung aller Sehnsüchte warten. Doch auch im Jetzt ist das Leben der Christen durch Nächstenliebe, soziales Engagement, Hilfsbereitschaft und Solidarität bestimmt. Die Ortsgemeinden helfen Armen und Kranken. Kirchen und die gerade neu entstehenden Klöster sind Orte der Versammlung und des gesellschaftlichen Lebens. Kurzum: Die Schrecken des Krieges, des Hungers, der Einsamkeit und der Hoffnungslosigkeit können mithilfe des Christentums besser bekämpft werden als von den meisten konkurrierenden Kulten und Religionsformen.

Zugleich suchen die einfachen Menschen nach identitätsstiftenden Erzählungen und nach gemeinschaftsfördernden Ritualen, wie man sie aus der griechisch-römischen Religionspraxis kannte. Nicht die theologischen, spekulativen und zum großen Teil unverständlichen Erörterungen über die Natur Jesu und die Zusammensetzung der Trinität sind es, was die Menschen interessiert und was sie hören wollen, sondern die Geschichten aus dem Leben Jesu, von seinen Wundern, davon, was er getan und wie er gepredigt hat.

Diese Sehnsucht hat auch Auswirkungen auf die Kirchenfeste. Während man das Fest der Auferstehung

Jesu damals schon lange feierte, rückt das Fest der Geburt des Gottesssohnes erst in der ersten Hälfte des 4. Jahrhunderts ins Zentrum des Interesses. Wenige Jahrzehnte zuvor hätte ein solches Fest noch als heidnischer Brauch gegolten, weil auch einfache Menschen ihren eigentlichen Geburtstag weniger feierten als den Tag ihrer Geburt als Christen, also ihre Taufe, oder gar den Tag der neuen Geburt im Himmel, nämlich den Tod als Märtyrer. Je mehr das Fest der Geburt Jesu aber in Mode kommt, desto mehr will man auch über diese Geburt wissen.

Die Quellen zu diesem Ereignis sind zwar spärlich, aber das erschüttert die Christen nicht. Und als Helena, die Mutter von Kaiser Konstantin, ins Heilige Land reist, um dort Überreste aus dem historischen Leben Jesu aufzufinden, lässt sie nicht nur in Jerusalem an dem Ort, wo Jesus gefoltert wurde, gestorben und auferstanden ist, eine wunderschöne Kirche erbauen, sondern auch in Bethlehem, wo sie eine Grotte als die Geburtsstätte des Heilands identifiziert.

Der älteste Hinweis in einer christlichen Quelle auf eine besondere Feier zur Geburt Jesu findet sich in einer Schrift des Priesters Hippolit: Um das Jahr 204 dürfte das Fest in Rom demnach bereits zelebriert worden sein. Ein liturgischer Kalender aus dem Jahre 336, die sogenannte »*Depositio Martyrum*«, liefert dann den ersten wirklichen Beleg für ein Weihnachtsfest: eine Messe in der Nacht vom 24. auf den 25. Dezember. Im Jahre 425 ließ Kaiser Theodosius dann das Festritual genau festlegen, 506 wurde die Weihnachtfeier für die Gesamtheit der Kirche verpflichtend und ab 529 war Weihnachten im gesamten römischen Reich schließlich zu einem offiziellen staatlichen Feiertag geworden.

Von da an erobert das Fest der Geburt Jesu die ganze christliche Welt. Zum Siegeszug des Weihnachtsfestes gehören dabei selbstverständlich die Eckdaten, die in den Evangelien von Lukas und Matthäus zu finden sind, aber auch alle Details, die in den apokryphen Schriften nachgelesen werden können. Die historische Genauigkeit interessiert dabei niemanden. Alle aber sind – um einmal mehr die Worte von Johannes Chrysostomos zu zitieren – »von diesem Schauer erregenden und wunderbaren Anblick« ergriffen.

Der 24. Dezember, oder besser der achte Tag vor den »Kalenden des Januars« (also dem ersten Tag des Januars), war endgültig zum Geburtstag von Jesus geworden. 354 wird das Datum im römischen Stadtkalender angegeben und änderte sich von da an nicht mehr. Für manche Kirchen war es sogar derart bindend, dass man selbst da noch auf dem Tag beharrte, als gegen Ende des 16. Jahrhunderts Papst Gregor XIII. eine grundlegende Reform des damals gültigen von Julius Caesar eingeführten Kalenders durchsetze. Der neue gregorianische Kalender übersprang bei seiner Einführung mehrere Tage. Je nachdem, ob die Kirchen bei diesem Sprung das Weihnachtsfest »mitnahmen« oder »zurückließen«, fand das Weihnachtsfest an einem anderen Datum statt. In den der katholische Kirche wird es darum noch immer am 24. Dezember gefeiert, andere, vor allem östliche Kirchen begehen es jedoch erst 13 Tage später, also am 6. Januar.

Wenn aus Menschen Mythen werden …

oder:
Warum die Weihnachtsgeschichte kein Märchen ist

Am Ende eines Buches, das sich mit historischen und literarischen Aspekten der Weihnachtsgeschichte beschäftigt und zur Schlussfolgerung gekommen ist, dass aus den bekannten neutestamentlichen Erzählungen nicht viel an harten Fakten zu gewinnen ist, muss man sich natürlich die »Frage aller Fragen« stellen: Ist die ganze Weihnachtsgeschichte eine Erfindung, bestenfalls ein schönes Märchen?

Die Antwort ist natürlich nicht einfach.

Denn tatsächlich sind die Evangelien von Matthäus und Lukas die einzigen auswertbaren Quellen, die moderne Historiker*innen und Wissenschaftler*innen heranziehen können, wenn sie die Ereignisse um die Heilige Nacht rekonstruieren wollen. Die apokryphen Erzählungen sind nicht nur deutlich später entstanden als die Evangelien, sondern auch noch weniger von historischem Interesse bestimmt als diese. Als historische Quellen liefern sie eher Informationen über die Gesellschaft der Zeit, in der sie verfasst worden sind, als über die Zeit und Umstände von Jesu Geburt. In den vorangegangenen Kapiteln sollte außerdem klar geworden sein, dass sich weder die Autor*innen der Evangelien noch ihre ursprünglichen Adressat*innen für eine objektive und historische Rekonstruktion der Ereignisse interessierten. Von daher ist auch leicht zu verstehen, warum diese Textzeugnisse nicht als »Geschichtsschreibung« im heutigen Sinn aufgefasst werden können. Daraus aber abzuleiten, dass die biographischen Angaben zum Beginn des Lebens Jesu völlig erfunden seien, also quasi ein Märchen, wäre – wissenschaftlich gesehen – ebenso wenig angemessen.

Die Weihnachtsgeschichte – das kann man festhalten – ist kein frei erfundenes Märchen, aber sie ist auch nicht Wort für Wort »historisch wahr«. Die Problematik ist komplexer, und es lohnt sich, über dieses Spannungsverhältnis nachzudenken.

Das Wichtigste zuerst: Geschichtsschreibung, wie wir sie heute verstehen, ist etwas relativ Neues. Natürlich kennt man bereits in der Antike, und zwar in ganz unterschiedlichen Kulturkreisen, Traditionen, die heute als Geschichtsschreibung bezeichnet werden. Eine wissenschaftliche, methodisch gesicherte und sich zur Objektivität verpflichtende Geschichtsdarstellung beginnt sich allerdings frühestens gegen Ende des 18. Jahrhunderts n. Chr. durchzusetzen. Zu der Zeit, als die Evangelien verfasst wurden, verstanden sich die »Historiker« – nicht gegendert, denn von Frauen, die Geschichte schrieben, ist leider bis zum Spätmittelalter nichts überliefert – vor allem als Literaten, Schriftsteller oder gar Dichter. Sie verfassten ihre Werke zwar mit der Absicht, vergangene Geschehnisse zu beschreiben, sie taten dies jedoch meist in Form eines hoch literarischen, nicht selten philosophisch-orientierten, fast immer aber stark politischen (also gerade nicht objektiven) Oeuvre.

Herodot, Thukydides, aber auch Titus Livius oder Tacitus haben zweifelsohne nachgeforscht und Nachrichten, teils sogar Quellen gesammelt, aber sie haben sie auch in ihrem Sinn ausgewählt, strukturiert und interpretiert. Das Ergebnis dieser Arbeit ist natürlich etwas anderes als ein Epos, ein Mythos oder ein Märchen. Denn wenngleich auch Epen, Mythen und selbstredend Märchen bisweilen durchaus historisches Material verarbeiten, verfolgen sie in den seltensten Fällen das Ziel, historische – also real stattgefundene –

Vorgänge zu beschreiben. Antike Historiker wollten zunächst literarische Kunstwerke schaffen, und darin unterscheiden sie sich nicht von den Verfassern literarischer Epen und Mythen. Thematisch gesehen, befassen sie sich aber weitgehend mit wichtigen Persönlichkeiten und mit bedeutungsvollen Ereignissen der tatsächlichen Geschichte. Götter kommen selten vor und Übernatürliches wird höchstens angedeutet. Objektivität – als Anspruch der modernen Geschichtswissenschaft – ist allerdings kein Kriterium.

Wenn Julius Cäsar in seinem tagespolitischen, aber auch als Denkmal gedachten Werk über die gallischen Kriege die Feinde, die er besiegt hat, beschreibt, schreibt er selbstverständlich als ein Römer, der von oben herab die besiegten Barbaren und ihre »primitiven« Bräuche beschreibt. Ähnliches gilt für Thukydides, der sich zwar selbst als Wahrheitssuchender und Forscher versteht, aber als Athener in seiner Erzählung des Peloponnesischen Kriegs den größten Politiker seiner Stadt – Perikles – selbstverständlich verklärend darstellt und dessen Handeln idealisiert. Und auch Polybios, Flavius Josephus, Tacitus oder Livius sind immer wieder eher Schriftsteller, Rhetoren und Philosophen, die das ihnen zur Verfügung stehende Material mit einer klaren Absicht bearbeiten, interpretieren und präsentieren, als objektive Geschichtsschreiber. Gerüchte und Hofklatsch kommen in diesen Texten immer wieder vor, eine bestimmte Deutung der geschilderten Ereignisse wird mitgeliefert, das Publikum absichtsvoll beeinflusst. In einer ähnlichen Tradition sind auch die Autor*innen unserer Weihnachtsgeschichte einzuordnen.

So weit, so gut. Allerdings ist da noch ein weiteres kleines Problem. Die Weihnachtserzählungen sind nämlich keine eigenständigen Texte, sondern sind Teil der Evangelien. Und diese Evangelien unterscheiden sich ganz wesentlich von den Werken der griechischen und römischen Historiker. Die Bezeichnung »Evangelium« ist nämlich nicht nur irgendein Buchtitel, es ist zugleich die Bezeichnung für eine ganz spezielle Textgattung mit einer ganzen Reihe von Besonderheiten. Die erste Besonderheit ist die Autorenschaft. Denn im Unterschied zu fast allen anderen antiken Werken sind die Evangelien nicht das Werk eines einzelnen Autors – wie die Autorennamen, unter denen wir sie kennen, es freilich suggerieren –, sondern die Frucht eines gemeinschaftlichen Arbeitsprozesses. Beteiligt sind hier ganze Autorenkreise, bei denen sehr wahrscheinlich auch Frauen mitgewirkt haben.

Der zweite Unterschied betrifft den Inhalt. Die Evangelien beschäftigen sich im Prinzip nur mit dem Leben einer einzigen bedeutsamen Person. Sie sind also gewissermaßen Biographien des Jesus von Nazareth. Gemeinsam mit der Geschichtsschreibung der damaligen Zeit ist ihnen allerdings das Streben nach Exaktheit bzw. Glaubwürdigkeit. Am Beginn des Lukasevangeliums etwa wird eine Methodik angewendet, die durchaus mit der eines antiken Historikers vergleichbar ist: Schriftliche Quellen kommen zum Einsatz, Augenzeugenberichte werden bewertet und es wird der Anspruch erhoben, einen Bericht zu verfassen, der Eckdaten enthält, chronologisch aufgebaut und zuverlässig ist.

Gegen Ende des 1. Jahrhunderts n. Chr. sind die Evangelien mit ihrem Anliegen jedenfalls nicht allein.

In der damaligen Zeit und den vorausgehenden Jahrhunderten sind nämlich eine ganze Reihe bedeutender Biographien entstanden, und es ist durchaus möglich, dass die biblischen Autor*innen von diesem Trend beeinflusst waren. Biographien wurden von politischen Historikern der Antike zwar gern als etwas Vulgäres, Sensationslüsternes hingestellt, aber das änderte nichts an ihrer Beliebtheit. Besonders wirkmächtig waren die Werke des griechischen Autors Plutarch, der sich ansonsten hauptsächlich als Philosoph betätigte. Seine Werke waren nicht nur beliebt, sie waren auch in den gebildeten Schichten extrem verbreitet und wurden viel gelesen. Die von ihm verfassten Biographien, in denen er üblicherweise eine bekannte griechische mit einer namhaften römischen Persönlichkeit aus der Geschichte verglich, enthalten vielerlei wertvolles historisches Material, das ohne ihn verloren wäre. Plutarch selbst war aber nicht primär an der Erforschung und Darstellung der Vergangenheit interessiert, er wollte vielmehr moralische Aspekte vermitteln, die natürlich umso gewichtiger erschienen, je unmittelbarer sie in Zusammenhang mit historischen Begebenheiten gebracht werden konnten – in der klassischen Antike war die Vergangenheit auch sonst vor allem eine Sammlung guter und abschreckender Beispiele.

In einer oft zitierten Stelle am Beginn seiner Biographie von Alexander dem Großen schreibt Plutarch, dass ihn nicht die Geschichtsschreibung (*historía* auf Griechisch), sondern vielmehr das Leben (*bíos*) interessiere. Das heißt aber auch, dass ihm unter Umständen ein nebensächlicher Vorfall, ein Ausspruch oder ein Scherz wichtiger sein können als eine Schlacht oder die Belagerungen einer Stadt. Plutarch will als Biograph der von ihm beschriebenen Person, dem Charakter und der Bedeutung dieses Menschen auf die Spur kommen und sie für seine Leser*innen zugänglich machen. Er ignoriert deshalb zwar nicht, was historisch wichtig ist, er ist aber vor allem darauf bedacht, charakteristische, tugendhafte und moralische – oder eben abschreckende – Aspekte zu vermitteln. Familienleben, persönliche Ereignisse und private Angelegenheiten sind für ihn von großer Bedeutung, denn er will besondere Menschen beschreiben, deren Leben für seine Leserschaft nicht nur interessant, sondern auch nachahmungswürdig sein oder sie zumindest an bestimmten Fehlern hindern kann.

Von Jesus hat Plutarch allerdings keine Biographie verfasst. Doch wenn er eine geschrieben hätte, dann hätte er möglicherweise mit der Erzählung seiner Geburt oder den Ereignissen unmittelbar vor der Geburt begonnen. Er hätte dabei wohl allgemein zugängliches Quellenmaterial verwendet, dazu möglicherweise Dokumente oder Überlieferungen, die nur ihm zugänglich waren – das sogenannte Sondergut. Er hätte selbstverständlich auf Werke anderer Autoren zurückgegriffen, wohl ohne diese Quellen ausdrücklich zu nennen – denn das war in der damaligen Zeit noch nicht üblich –, und er hätte einiges selbst dazugedichtet, Ereignisse so »rekonstruiert«, wie sie ihm plausibel erschienen wären. Bei Plutarch wären außerdem seine Überzeugungen und Vorlieben spürbar geworden. Auch hätte er bloß von jenen Episoden berichtet, die ihm für seine Zwecke passend erschienen wären. All das war nämlich in der Zeit, in der Plutarch sein Werk schuf, völlig normal.

Ähnliches könnte man über die Entstehung der Evangelien sagen. Auch bei ihnen stehen Objektivität und Genauigkeit in der Wiedergabe der Quellen nicht im Fokus. Ähnlich wie Plutarch haben sie aber sehr wohl den Anspruch, nicht nur ein Märchen zu erzählen, sondern eine historisch fundierte Erzählung von Leben und Wirken Jesu zu verfassen. Die Menschen im ausgehenden 1. Jahrhundert n. Chr. dürften das problemlos verstanden haben, für moderne Menschen dagegen tun sich viele Fragen auf und manches wird als unbefriedigend wahrgenommen. Denn im Jahr 2021 haben wir uns angewöhnt, mit Quellen anders umzugehen und auch bei der Darstellung von historischen Ereignissen werden heute strengere (wissenschaftliche) Kriterien angewendet. Nichtsdestotrotz dürfen die beiden neutestamentlichen Geburtserzählungen als historisch relevante Schriften gelten, die allerdings nur richtig gelesen und verstanden werden können, wenn man ein Mindestmaß an Wissen mitbringt und die Eigenarten der Textgattung im Kontext ihrer Zeit zu verstehen weiß.

Ein Kind ist geboren. Dieses Kind ist für viele Menschen später so wichtig geworden, dass sie es nach seinem Tod als Messias oder sogar als Sohn Gottes zu verehren begannen. Am Beginn des 2. Jahrhunderts wurde die bis dahin mündlich überlieferte Erinnerung an diese Geburt dann schriftlich niedergeschrieben, stilisiert, symbolisch aufgeladen und mit Elementen versehen, die auf die modernen aufgeklärten Lese*innen teilweise befremdlich wirken können. Wir, diese aufgeklärten Leser*innen, sind aber nicht die eigentlichen – oder zumindest nicht die ersten – Adressaten der Erzählung. Die Leser*innen und Zuhörer*innen, an die sich die Evangelien ursprünglich gerichtet haben, waren in der antiken Welt mit ihren mystischen Vorstellungen und einem ganz anderen Verständnis von Rationalität zuhause. Sie stellten andere Fragen an die Person Jesus und erwarteten andere Antworten in der Sprache ihrer Zeit, andere Signale dafür, dass hier etwas Wichtiges geschehen war. Sie haben an die Geburtserzählungen Jesu nicht primär den Anspruch gestellt, mit überprüfbaren Fakten versorgt zu werden, sondern haben auf die zwischen den Zeilen versteckten Glaubenswahrheiten gehört, wie zum Beispiel die Zuversicht, dass Gott sich für seine Schöpfung interessiert, den Menschen nahe sein will, dass er sich mit den Menschen solidarisiert und deswegen sogar Mensch werden kann. Wenn wir heute die biblischen Schriften mit unserem nüchternen, literarisch und historisch kritischen Verständnis lesen und analysieren, dann sollten wir uns zumindest bewusst sein, dass unser moderner – selbstverständlich ebenfalls berechtigter – Zugang nicht der einzig mögliche ist.

Und können nicht auch wir diese Geschichte als eine lesen, die uns zwar wenige historische Fakten, aber doch eine Wahrheit nahebringen will, die das Leben so vieler Menschen in der Geschichte mit Hoffnung und Mut erfüllt hat und noch heute erfüllen kann?

MIX
Papier | Fördert gute Waldnutzung
FSC® C014496

Penguin Random House Verlagsgruppe FSC® N001967

3. Auflage, 2024

Umschlagmotiv: © Esther Lanfermann
Bilder im Innenteil: © Esther Lanfermann
Druck und Bindung: GGP Media GmbH, Pößneck
Printed in Germany
ISBN 978-3-579-02397-7
www.gtvh.de